센더, 그 잊혀진 부르심

# 센더, 그 잊혀진 부르심

초판 발행 · 2021년 10월 20일
지은이 · 센더스쿨 편집위원회
펴낸곳 · 한국WEC국제선교회
등록번호 · 2009-000173

한국 WEC국제선교회 · 서울 서초구 언남 11길 7-17 숭진빌딩 4층
전화 · 02) 529-4552 팩스 02) 529-4553
웹사이트 · http://weckr.org
이메일 · info@weckr.org

ISBN · 978-89-88432-09-9 03230

## Cover Design

두 개의 도형이 연장되어 하나로 연합된 이미지는 가는 자(Goer)와 보내는 자(Sender)가 성령 안에서 하나 된 유기적 연결체임을 의미하며 잊혀진 부르심을 다시 발견하고 순종함으로 세워지는 모습을 상징합니다. 메인 컬러로 사용된 초록 계열의 민트색은 중성적인 색으로 세상 모든 족속으로 제자 삼는 주님의 일꾼들의 유연함을 의미합니다.

# Sender
## 그 잊혀진 부르심

한국WEC국제선교회

# 목차

# 추천사

　오늘 조국 교회 안에는 선교에 대한 여러 염려하는 소리들이 나오고 있으며 특히 선교에 대한 동력이 약해졌다는 지적들이 많다. 그러나 선교는 여전히 주님께서 우리에게 위임하신 지상 명령이며 우리 존재의 가장 중요한 부분 중의 하나이므로 약해지거나 낙심해서는 안 되는 주제이다. 건설적인 여러 비판들과 염려들에 대하여 진지하게 반응하고 우리 자신을 돌아봄으로써 내실을 다지고 내용을 더욱 충실하게 하는 재무장의 시간으로 요긴하게 선용해야 할 것이다.

　지금까지 우리는 다분히 해외로 나가는 선교와 또 그 일에 헌신된 선교사들을 배출하는 일에 관심을 많이 기울여왔다. 그 일은 여전히 중요하며 선교의 핵심 가운데 하나라 할 것이다. 그럼에도 불구하고 오늘 우리가 사는 시대는 삶으로서의 선교와 협력 선교의 중요성이 어느 때보다 더 커져 있어서 해외로 나가는 선교사들 못지않게 그들을 보내고 그 일에 동역하는 센더들의 선교적 역할도 중요해졌다. 따라서 재정을 지원하고 기도하면서도 마음에 일정한 짐을 느끼는 센더가 아니라, 현지에 나가는 이 못지않게 보내는 이로서의 사명감과 적극성을 가지고 함께 기쁨으로 선교에 동참하는 센더들이 더 많이 나와야 할 것이다. 이러한 때에 〈센더, 그 잊혀진 부르심〉의 출간은 큰 기쁨이다.

지난 수년의 세월 동안 센더 스쿨을 직접 감당해 왔던 선교사들의 수고와 헌신이 오늘 이 책으로 열매를 맺는 것 같아 더욱 기쁘다. 풍부한 현장 경험과 이론적 충실성을 겸비한 이 귀한 책이 조국 교회에 새로운 선교 시대를 준비하고 여는데 귀한 도구로 사용될 것을 의심치 않는다. 선교를 준비하는 이뿐 아니라 선교를 함께 감당하기 원하는 헌신된 조국의 교회와 성도들에게 큰 격려와 힘이 되어 새로이 선교 한국의 열심이 되살아나는 일에 복되게 사용되기를 기대하며 이 책을 적극 추천하는 바이다.

화종부 목사(남서울교회, 한국WEC국제선교회 이사장)

# 추천사

센더스쿨이 시작된 후, 그동안 수많은 성도들이 프로그램을 통해 세계 선교에 더 깊이 참여할 수 있도록 이끄신 하나님께 찬양과 영광을 돌린다. 그동안의 노하우가 담긴 〈센더, 그 잊혀진 부르심〉의 발간을 진심으로 축하하며, 프로그램을 개발하고 강의로 섬기며 편집을 마친 한국WEC국제선교회에 심심한 감사의 말씀을 드린다.

센더스쿨은 예수 그리스도의 제자로서 더욱 신실하게 살기 원하는 모든 그리스도인들을 위한 선교 훈련 프로그램이다. 선교의 주관자이신 하나님의 마음을 알고, 우리보다 먼저 선교하신 예수님의 사랑을 깨달으며, 열방을 바라보는 삶을 계속 살아가도록 이끄시는 성령님의 역사하심이 센더스쿨에 담겨 있다.

이론과 현장 이야기가 골고루 수록된 이 책자는 내 주변에서 열방까지 영혼 구원의 열정을 펼치기 원하는 모든 성도들에게 귀한 안내자가 될 것이다. 선교는 선교사나 선교단체만이 행하는, 특정한 이들의 활동이 아니라 그리스도인이라면 누구나 추구해야 하는 제자의 삶이다.

이것이 바로 초대교회 제자들이 품었던 열정이었다. 센더스쿨을 통해 이를 다시 확인하고 각자의 삶의 현장에서 그 열정을 적용해 일상에서 열방을 지향하며 매일 증인으로 사는 신앙의 전환점이 생기게 될 줄 믿는다. 진정한 그리스도의 제자로 살아가기 원하는 모든 이들에게 일독을 권한다.

박경남, 조경아(WEC국제선교회 국제 부총재)

## 들어가는 말

### '센더, 그 잊혀진 부르심'

2015년 8월 대전의 한 교회에서 센더스쿨의 시작을 알리는 주일 오전 예배가 시작되었다. 권두언의 글을 쓰는 본인은 이 예배의 말씀을 나누는 영광을 누리게 되었다. 온 세상을 향한 아버지의 마음을 성도들과 함께 나눔으로 센더스쿨은 시작되었다. 기대 반 염려 반으로 시작된 센더스쿨이 어느덧 수 년이 지나가고 있다. 시간이 흐를수록 수많은 교회들이 이 센더스쿨을 통해 온 세상을 향한 아버지의 마음을 더 깊이 알게되었고 모두가 선교의 주체로서 함께 서 갈 수 있었던 것은 다 주님의 은혜이다.

하나님은 시대에 따라 그의 일을 행하시고, 우리 인간의 역사 안에서 그의 사람들을 들어 사용하시는 역사의 주인이시다. 시대를 따라 모세와 여호수아를 부르시고 다윗과 솔로몬을 통해 이 땅에 하나님 나라를 보여주셨다. 또한 수많은 선지자들을 통해 하나님은 그의 나라를 꿈꾸어 오셨다. 역사의 주인이신 하나님은 다시금 이 시대에 우리를 그의 역사의 중심으로 부르고 계신다. 이것이 '잊혀진 부르심' 바로 센더(Sender)로의 부르심이다.

지금까지 한국교회의 선교는 고어(Goer) 중심이었다. 그러나 이 책자를 통해 고어(Goer)와 함께 선교하는 센더(Sender)로 새로운 동역의 사명을 배우고 헌신할 수 있으리라 믿는다. 우리는 선교적인 삶(missional life)이 많이 회자되고 있는 시대를 살아가고 있다. 좋은 운동이고 그런 삶은 하나님이 이 마지막 시대에 요구하는 모든 그리스도인들의 삶이 되어야 한다고 생각한다. 그러나 한국 교회의 선교가 점점 약화되어 가는 이 시점에서 우리의 부르심을 조금 더 구체화 시켜 '우리의 가슴을 다시 열방으로, 우리의 기도를 다시 땅끝으로' 향하게 함으로 고어(Goer)와 센더(Sender)로서 순종하고 동역하는 은혜의 자리로 안내하고자 한다.

센더스쿨은 선교에 좀 더 구체적으로 동참하고 싶은 성도들을 위한 유용한 교육과 훈련이 될 것이다. 아무쪼록 이 책이 실제적인 선교사역에 모두가 동참하게 되는 그날까지 잘 사용되길 소망하며 센더스쿨을 시작하게 하신 하나님께 모든 영광과 감사를 올려 드린다.

김재형, 강경화(한국WEC국제선교회 대표)

# 센더, 그 잊혀진 부르심

보내심을 받지 아니하였으면 어찌 전파하리요
기록된 바 아름답도다 좋은 소식을 전하는 자들의
발이여 함과 같으니라 로마서 10:15

지난 30여 년간 한국교회는 하나님의 은혜로 양적인 부흥과 더불어 선교적 부흥을 함께 경험하게 되었다. 이것은 하나님께서 베풀어 주신 엄청난 축복이며 감사의 제목이다. 그럼에도 불구하고 한국교회는 지금까지의 선교를 돌아보고 점검하여 더 성숙한 선교를 위해서 새로워져야 할 시점에 와 있다. 그 동안은 고어(나가는 자, Goer)[1]에 대해 열정을 쏟아 왔지만 센더(보내는 자, Sender)[2]의 역할에 대한 이해와 중요성은 상대적으로 간과되어 왔음을 볼 수 있다. 따라서 우리는 먼저 선교사로 나가는 것과 선교사를 보내는 역할에 대한 성경적인 이해와 정체성에 대해 살펴보고자 한다.

한국교회에 센더라는 용어가 사용된 것은 그리 오래되지 않았다. 더욱이 센더로서의 신분이나 역할이 무엇인지, 센더는 어떻게 살며, 어떻게 사역해야 하는 지에 대해 배울 수 있는 곳이 많지 않았다. 한국교회 성도들은 막연한 개념 속에서 센더의 역할을 감당해 왔다고 해도 과언

• • •

1    센더스쿨에서 고어(나가는 자, Goer)는 타문화권 선교사를 의미한다. 이 책에서는
     '선교사'와 '고어'는 같은 개념으로, 문맥의 흐름에 따라 교차적으로 사용하고 있다.
2    센더(보내는 자, Sender)에 대한 개념 이해는 미주에 보다 자세히 설명하였다.

이 아니다. 오늘날 선교는 거의 '고어' 중심의 구조로 되어 있기 때문에 한국교회 대부분의 성도들은 선교는 고어가 하는 것이고, 국내에 있는 센터는 기도와 헌금 등 보조적인 역할로만 이해하는 것이 현실이다. 뿐만 아니라 선교에 대해 아예 관심이 없거나 잘 모르는 사람들도 상당수 존재한다. 한국교회의 선교는 고어와 센터의 선교적 균형이 깨어진 상태이다. 센터가 건강하고 힘있게 세워지지 못함으로 결국 고어를 향한 섬김과 지원이 지속되지 못하여 나가는 선교를 다시 축소시키는 부메랑 현상이 일어나고 있다. 예를 들어, 단기선교를 통해 선교지를 경험하거나 교회에서 진행되는 여러 가지 선교훈련 이후에 선교사로 헌신하는 것에 대해 고민하거나 갈등하는 성도들을 보곤 한다. 선교사로 나가야할 것 같은 부담은 생겼으나 선교사로 나갈 상황은 안되고 차선책으로 센터로 사는 성도들도 있다. 이들은 선교헌금이나 선교기도모임에 열심히 참여하는 것으로 위안을 삼는다. 이 일이 귀함에도 불구하고 선교현장에 가지 못하는 것에 대해 여전히 필요 이상의 부담감을 가지며 심지어 죄책감을 느끼곤 한다. 그러나 하나님의 자녀로서 자신의 신분과 자신을 향한 부르심에 대해 바로 이해한다면, 꼭 선교사로 해외에 나가야한다는 부담감에서 벗어 날 수 있을 뿐만 아니라 하나님이 부르신 선교적 삶을 사는 영광과 기쁨을 누릴 수 있을 것이다.

이러한 이유로 센더스쿨은 한국교회가 건강하고 성경적인 선교를 하도록 돕는 훈련의 한 과정으로 시작되었다. 센더스쿨을 통하여 한국교회가 선교의 필수적 요소인 센터의 잃어버린 소명과 역할을 찾고, 고어와 함께 세계 복음화의 사명을 충실히 감당하기를 기대한다.

그러나, 센더스쿨을 시작하기에 앞서 먼저 이해해야 할 부분이 있다. 그것은 센더의 역할이 선교에서 중요하다고 하여 고어의 역할을 약화시켜서는 안된다는 것이다. 왜냐하면 하나님께서는 땅끝까지(마28:19-20) 복음을 전해주고 그의 사랑을 보여줄 고어를 찾고 계시기 때문이다. 그러므로 예수 그리스도께서 우리에게 주신 '세계 복음화'의 거룩한 사명은 고어 뿐만 아니라 센더도 동일한 부르심과 사명을 인식하고 조화를 이루어 협력할 때 가장 효과적으로 이루어 질 수 있다.

> 예수 그리스도께서 우리에게 주신 '세계 복음화'의 거룩한 사명은
> 고어 뿐만 아니라 센더도 동일한 부르심과 사명으로 인식하고
> 조화를 이루어 협력할 때 가장 효과적으로 이루어 질 수 있다.

## 그리스도인의 정체성

정체성이란 무엇일까? 정체성(正體性)의 사전적 의미는 변하지 아니하는 존재의 본질을 깨닫는 성질 또는 그 성질을 가진 독립적 존재라고 말하고 있다.[3] 쉽게 말하면 '나는 누구인가'를 말하는 것이다. 이것을 분

• • •

3    네이버 국어사전. https://ko.dict.naver.com/#/search?query=%EC%A0%95%EC%B2%B4%EC%84%B1

명히 인식하는 것은 '내가 무엇을 하며 살아야 하는가(부르심)'을 결정하는 요소가 된다. 따라서 우리가 '하나님의 자녀'라는 정체성을 깨닫는 것은 참으로 중요하다. 왜냐하면 하나님의 아버지 되심과 우리의 자녀됨의 관계는 예수 그리스도를 처음 믿는 순간부터 영원까지 변하지 않는 본질적인 관계이기 때문이다(요1:12, 갈4:4–5, 엡1:5). 이 관계의 가장 중요한 속성은 사랑이다. 이것이 중요함은 선교 또한 바로 이 사랑의 관계에서 시작되어야 하기 때문이다. 우리가 고어나 센더로 사는 이유는 하나님이 두렵거나 억지로 해야 하는 의무이기 때문이 아니라 하나님 아버지를 사랑하기 때문이다. 그 분이 원하시는 것을 우리도 하고 그 분이 사랑하시는 영혼을 우리도 사랑하는 것이다. 이것이 바로 우리가 선교를 하는 가장 중요하고도 본질적인 이유와 자세이며 센더에게도 동일하게 적용되는 원리이다. 이 모든 것이 우리가 누구인지를 아는 바른 정체성에서 나온다.

예수 그리스도는 이 정체성으로 삶을 살아가신 우리의 모델이시다. 예수님은 '나와 아버지는 하나다'(요10:30) 라고 하시며 일하시는 이유를 아버지와의 관계(요5:17) 안에서 말씀하셨고, 자신의 뜻이 아닌 아버지의 뜻을 따르는 자녀됨의 삶을 보여주셨다(마26:39,42, 막14:36). 우리가 선교를 하는 이유와 목적도 어떤 두려움이나 의무때문이 아닌 아버지를 사랑하는 하나님의 자녀됨의 관계 안에서 이루어져야 할 것이다. 그러므로 우리가 하나님의 자녀라는 바른 정체성을 갖는다면 선교는 자연스럽게 따라오는 삶이 된다.

> 우리가 알거니와 하나님을 사랑하는 자 곧 그의 뜻대로 부르심을 입은
> 자들에게는 모든 것이 합력하여 선을 이루느니라 롬8:28

하나님을 사랑하는 자는 그의 뜻대로 부르심을 입은 자들이다. 그렇다면 우리에게는 어떤 부르심이 있는가? 여러 가지가 있겠지만, 여기서는 선교적 관점에서 세 가지 부르심에 대해 생각해 보려고 한다.

### 제자[4]로의 부르심

성경은 예수 그리스도의 말씀을 믿고 따르는 사람들을 제자로 표현했다.

> 하나님의 말씀이 점점 왕성하여 예루살렘에 있는 제자의 수가 더 심히
> 많아지고… 행6:7

또한 바나바와 바울의 사역(행11:26)으로 큰 무리의 제자들이 생겼고 그들은 그리스도인이라고 불리게 되었다. 이처럼 초대교회에서는 예수 그리스도를 믿는 사람들은 모두 제자였고, 제자로서의 삶을 살아갔다.

• • •

4   '제자'라는 단어는 신약성경에서 300회 이상 사용될 정도로 부르심과 관련해서
    가장 많이 언급되는 단어 중 하나이다

제자란 어떤 사람들인가? 그들은 스승과 함께 살면서 스승의 모든 것을 배우고 닮아가려고 노력하는 사람들이다. 예수님의 제자들이 그러했다. 그러나 오늘날의 그리스도인들은 제자로서의 삶을 살기보다는 학생에 더 가까운 것 같다. 제자는 스승을 본받아 스승의 삶을 그대로 따라가는 사람들인 반면에, 학생은 수업료를 지불하고 일정 시간 선생님으로부터 지식을 배우고 그냥 자신의 삶을 살아가는 이들이다. 주일에 교회에 나와 예배를 드리며 은혜 받고, 교회 밖에서는 더 이상 예수님을 본받아 사는 삶이 아니라 세상의 원리를 따라 살아가는 모습은 제자라기보다는 학생에 더 가깝다고 할 수 있다. 시간이 지나면서 제자의 개념이 너무 가볍고 관념적이 되어버린 것은 아닌지 모르겠다. 예수님은 제자가 되는 것을 이렇게 말씀하고 있다.

> 무릇 내게 오는 자가 자기 부모와 처자와 형제와 자매와 더욱이 자기
> 목숨까지 미워하지 아니 하면 능히 내 제자가 되지 못하고 누구든지
> 자기 십자가를 지고 나를 따르지 않는 자도 능히 내 제자가 되지
> 못하리라 눅14:26~27

복음서에 나타난 제자의 삶을 보면 참된 제자가 된다는 것은 결코 쉬운 것이 아님을 발견할 수 있다. 그리스도의 제자로 살아가는 것은 자신과 자신이 사랑하는 모든 것들을 포기해야 하는 것과 같은 큰 도전에 직면하는 삶이다. 그리스도의 제자가 된다는 것은 예수 그리스도와 24시간 동행할 뿐만 아니라 그 분을 위해서라면 어떤 대가를 치르더라도 그

길을 가겠다는 목숨을 건 결단이다. 지식 습득과 성적에만 관심을 가지는 학생과 같은 신앙인이 아니라 예수님의 말씀이라면 무엇이든 할 수 있는 제자로서의 부르심을 가지고 있을 때, 나가든지 보내든지 그 역할에 상관없이, 선교에 있어서 하나님 나라의 확장에 쓰임 받는 참된 그리스도인이 되는 것이다. 그러기에 선교에 있어서 선교사나 목사 그 외의 다른 직분보다도 더 중요한 것은 그리스도의 '참된 제자'가 되는 것이다.

> 선교사가 되는 것보다
> 더 중요한 것은 그리스도의 '참된 제자'가 되는 것이다.

### 증인으로의 부르심

하나님의 자녀들은 제자로서의 부르심과 동시에 증인으로서 살아가도록 부르심을 받았다.

> 이에 그들의 마음을 열어 성경을 깨닫게 하시고 또 이르시되 이같이
> 그리스도가 고난을 받고 제 삼일에 죽은 자 가운데서 살아날 것과
> 또 그의 이름으로 죄 사함을 받게 하는 회개가 예루살렘에서
> 시작하여 모든 족속에게 전파될 것이 기록되었으니 너희는 이 모든
> 일의 증인이라 눅 24:45~48

누가복음 24장의 앞부분을 보면, 부활의 소식을 듣고 혼란스러워하

던 제자들에게 주님께서 찾아오셔서 십자가의 죽으심과 부활에 대해 말씀하시며 '너희는 이 모든 일에 증인'(눅24:48) 이라는 부르심을 주셨다. 바로 제자들이 증인 될 것을 말씀하신 것이다.

성경에서 증인이 된다는 것은 무엇을 의미하는 것인가? '예수 그리스도의 십자가의 죽으심과 부활, 그리고 그의 이름으로 죄 사함을 받게 하는 회개가 모든 족속에게 전파될 것'을 증언해 주고 삶으로 보여주는 것이라 하겠다. 또한 증인이 된다는 것은 증인이 되었기 때문에 일어날 수 있는 어떤 어려움, 즉 직장에서 받는 불이익이나 사회에서 받는 멸시, 심지어는 죽음까지도 기꺼이 받아들이겠다는 의지와 결단을 동반하는 것이다. 그러므로 증인으로의 부르심 또한 제자됨과 함께 예수 그리스도와 그 분의 복음을 위해 어떠한 희생도 치를 각오가 되어 있는 자들의 부르심인 것이다.

오직 성령이 너희에게 임하시면 너희가 권능을 받고
예루살렘과 온 유대와 사마리아와 땅끝까지 이르러 내 증인이 되리라
하시니라 행1:8

이 구절은 증인으로서의 부르심에 대한 아주 중요한 말씀이다. 먼저는 성령이 임한 사람은 예수 그리스도의 증인이 된다는 것이다. 성경은 예수님을 구주로 고백하는 사람에 대하여 다음과 같이 말한다.

> 그러므로 내가 너희에게 알리노니 하나님의 영으로 말하는 자는
> 누구든지 예수를 저주할 자라 하지 아니하고 또 성령으로 아니하고는
> 누구든지 예수를 주시라 할 수 없느니라 고전 12:3

---

우리에게 성령이 임하시면 권능을 받아 증인이 되고
그 증인됨의 영역은 온 유대와 사마리아와 땅 끝까지이다.

---

성령으로 아니하고는 예수 그리스도를 주라고 고백할 수 없다. 그러므로 예수 그리스도를 주로 고백하는 사람은 모두 성령이 임한 사람이고, 성령이 임한 모든 그리스도인은 예수 그리스도의 증인으로서의 삶을 살아가게 된다. 이것을 바꾸어 말하면 성령으로 말미암지 아니하고는 증인으로 살아갈 수 없다는 의미도 된다. 우리가 교회를 얼마나 다녔고, 어떤 훈련을 받았고, 교회에서 직분은 무엇이고 등등의 이런 것과 증인으로 살아가는 것과는 관계가 없을 수도 있다. 증인으로서 살아가는 자는 성령이 임하여 그 성령이 주시는 권능을 받아야만 증인으로서 살아갈 수 있다.

위 구절에서 한 가지 더 알아야 하는 사실은 성령이 임하면 권능을 받아 증인이 되고 그 영역은 '예루살렘과 온 유대와 사마리아와 땅 끝까지'(행1:8) 라고 말씀하신다. 이것은 우리가 사는 주변 지역 뿐만 아니라 전세계 모든 영혼에게 증인이 되는 삶을 의미하는 것이다. 따라서 주변에 있는 사람들에게만 전도하는 삶으로 만족하는 것은 예수님의 뜻과 명령

을 제대로 이해하지 못한 것이라 볼 수 있다. 그리스도인으로 살아가는 우리는 하나님의 자녀가 되는 특권을 받았고, 하나님의 자녀는 제자로서의 부르심과 동시에 모든 민족, 모든 언어, 모든 나라 가운데서 증인이 되는 삶으로 부르심을 받은 것이다.

**선교적 삶으로의 부르심**

우리가 제자와 증인으로서의 부르심에 순종하는 삶을 살게 되면 자연스럽게 연결되는 것이 바로 '선교적 삶으로의 부르심'이다. 사실 제자로서, 증인으로서, 그리고 선교적 삶으로의 부르심은 따로 떨어져 있는 것이 아니다. 예수님의 지상명령으로 잘 알려진 마태복음 28장에서 "너희는 가서 모든 민족으로 제자를 삼으라"(19절) 는 말씀이나 사도행전 1장의 "땅끝까지 이르러 내 증인이 되리라"(8절) 는 선교로의 부르심은 나가는 자만이 아니라 예수 그리스도를 구주로 믿는 모든 그리스도인을 향한 부르심이다.

선교 명령은 몇몇 구절들에서만 나타나는 것이 아니라 성경 전체에 걸쳐 계속해서 보여지고 있다. 이렇게 하나님께서 선교에 대한 마음을 보여주시는 것은 결국 하나님의 자녀들인 우리에게 선교는 가장 기본이 되는 의무이자 특권이며 우리의 삶의 전반에 자연스럽게 드러나는 모습이 되어야 한다는 것을 말해준다. 이제 그리스도인들이 이러한 선교적 삶으로의 부르심을 자기 자신에게 주시는 말씀으로 적용하지 못하는 이유에 대하여 살펴보도록 하자.

## 성도들이 선교적 삶을 살지 못하는 이유

### 선교를 하나님 나라의 관점으로 이해하지 못함

대부분의 성도들이 이해하는 선교는 선교사가 선교지에 가서 복음을 전함으로 영혼이 예수를 믿고 죄 용서받아 천국가게 되는 일이라 생각한다. 그러나 이것은 선교의 아주 작은 한 부분이며, 선교의 시작에 불과하다. 오히려 선교는 한 영혼이 예수를 믿고 구원받은 이후에 삶의 주인이 주님으로 바뀐 삶을 살아가게 하는 것이다. 이렇게 예수 그리스도의 다스림을 받는 영혼들이 모여 교회가 되면 이전의 삶에서는 볼 수 없었던 새로운 나라가 임한다. 그것이 바로 '하나님 나라'이다. 이 하나님 나라가 온 열방에 임하게 되는 것, 이것이 선교를 통하여 이루고자 하시는 하나님의 큰 그림이다. 때문에 선교는 한 개인의 영혼구원으로만 이해해서는 안되며, 모든 열방이 그리스도를 주인 삼는 하나님 나라의 회복에 더 큰 목적이 있다.

선교를 하나님 나라의 회복의 관점에서 독립운동에 비유하여 설명하고자 한다. 독립운동이란 남의 나라를 빼앗아 오는 것이 아니라 잃어버린 자신의 나라를 되찾는 것이다. 동일한 원리로, 선교는 원래 하나님의 것이었던 온 우주와 열방이 예수 그리스도를 통하여 하나님의 다스리심을 받도록 되찾아 오는 것이다. 예를 들어, 일제 강점기 때 조선의 독립을 꿈꿔야 했던 사람들은 누구이어야 했는가? 누구나 할 것 없이 모든 조선 사람이라 대답할 것이다. 이와 마찬가지로, 하나님 나라의 회복인 선교에 동참해야 할 사람들은 누구이어야 할까? 하나님께 특별하게 헌신된 사람이거나 선교에 관심 있는 사람이거나 혹은 교회 안의 해외선교 위원회만이 아니라, 하나님의 모든 백성들이어야 하는 것이다. 다시 말해 선교를 하나님 나라의 회복의 관점으로 본다면 '타문화권으로 나가는 선교사인가' 혹은 '지역교회의 성도인가'의 문제가 아니라 '하나님의 백성인가'가 선교에 참여하는 주체의 근거가 되는 것이다. 그러므로 선교는 하나님 나라의 회복을 위해 '나가는 자'와 '보내는 자'가 함께 이루어 가는 것이다.

일제 강점기…
조선의 독립을 꿈꿔야 하는 사람들이 모든 조선인인 것처럼
열방에 잃어버린 하나님 나라의 회복을 꿈꿔야 하는 사람들도
모든 하나님의 백성인 것이다.

## 선교 참여에 대한 오해

여러 성도들이 선교에 왜 참여해야 하며 또 어떻게 해야 할지 모르는 경우를 종종 보게 된다. 그러나 선교를 하나님 나라의 회복으로 이해한다면 선교는 완전히 다른 그림으로 다가오게 된다. 독립 운동사를 살펴보면, 다양한 계층과 분야의 사람들이 조선의 독립을 위해 함께 했음을 알 수 있다. 자신의 모든 가산을 털어 독립자금으로 내놓은 사람들, 그 자금을 독립군들에게 전달한 사람들, 독립군들을 숨겨주고 재워주며 물심양면으로 도와주었던 사람들 등등의 남녀노소 빈부귀천을 막론하고

다양했다.[5] 이를 통해 우리는 '누가 선교에 참여해야 하는가'를 생각해 볼 수 있다. 독립 운동에 독립 투사들만 참여한 것이 아니었듯이 선교를 위해서도 나가는 선교사만이 아닌, 지역교회의 센더도 다양한 방법으로 주신 은사와 경험을 사용하여 참여하는 것이다. 사실 센더가 '보내는 자'로서 선교의 부르심에 응답하지 않는다면 하나님 나라 회복의 거대한 그림에 막대한 손실을 초래하게 된다. 선교는 나가는 자에게만 주신 특별한 사명이나 명령이 아니라 하나님의 백성들 모두의 사명인 것이다. 하나님의 백성으로서의 마땅하고도 귀한 선교적 부르심을 한국교회는 그동안 잊고 있었던 것이다. 그래서 센더스쿨에서는 이 귀중하고도 거룩한 부르심을 '잊혀진 부르심'이라고 한다.

## 성경 속에 나타난 센더

선교에 있어 센더의 의미와 역할에 대한 성경적 근거를 살펴보자.

### 센더로서의 삼위 하나님

여기에서는 삼위 하나님의 본질에 대한 설명이 아닌 삼위 하나님이 어떤 모습으로 선교에 역사하시는가에 대해서 센더의 역할적 측면에서 설명해 보려고 한다. 삼위 하나님과 연관된 성경 구절을 읽다 보면 선교

---

5   박은식, 「한국독립운동지혈사」, 남만성, 서문당(2019), p343~358
6   안드레아스 쾨스텐베르거, 스코트 스웨인 「아버지와 아들과 성령」, 전광규, 부흥과 개혁사(2016), p199~220 참조하였다.

하시는 삼위 하나님에게 보내시고 파송하시는 센더로서의 모습을 발견할 수 있다.[6]

## 성부 하나님

성경 속에 나타난 대표적인 센더는 누구일까? 믿음의 조상인 아브라함을 보내시고 이스라엘 백성들에게 모세를 보내시고 예수 그리스도를 이 땅에 보내신 센더로서의 하나님을 발견할 수 있다. 하나님은 최초의 센더이셨고 예수님 또한 이것에 대해 말씀하셨다.

> 예수께서 성전에서 가르치시며 외쳐 이르시되 너희가 나를 알고 내가 어디서 온 것도 알거니와 내가 스스로 온 것이 아니니라 나를 보내신 이는 참되시니 너희는 그를 알지 못하나 나는 아노니 이는 내가 그에게서 났고 그가 나를 보내셨음이라 하시니 요 7:28~29

> 내가 하늘에서 내려온 것은 내 뜻을 행하려 함이 아니요 나를 보내신 이의 뜻을 행하려 함이니라 요 6:38

## 성자 예수님

예수님께서는 하나님의 보내심을 받고 이 세상에 고어로 오셨지만, 동시에 센더의 역할도 하셨다.

내가 아버지께로부터 너희에게 보낼 보혜사 곧 아버지께로부터

나오시는 진리의 성령이 오실 때에 그가 나를 증언하실 것이요 요 15:26

예수님께서는 우리를 위하여 성령님을 보내주실 것을 말씀하신다. 더 나아가서 복음을 전하도록 제자들을 세상에 보내시는 장면을 여러 곳에서 찾아볼 수 있다.

이에 열 둘을 세우셨으니 이는 자기와 함께 있게 하시고 또 보내사

전도도 하며 막 3:14

아버지께서 나를 세상에 보내신 것 같이 나도 그들을 세상에

보내었고 요 17:18

### 성령 하나님

성령 하나님 또한 하나님과 예수님의 보내심을 받으시고 고어로 우리에게 오셨지만, 복음이 온 세상에 전해지도록 제자들을 보내시는 센더의 역할도 하셨다. 사도행전 8:26, 10:19-20, 13:4에서 보면 성령께서 베드로, 빌립, 사도 바울을 복음이 필요한 사람들에게 보내시는 성령 하나님의 모습을 볼 수 있다.

선교적 교회가 되는 원동력은 성부, 성자, 성령 하나님의 관계를 이해하고 삼위 하나님으로 충만해지는 것이다.

이와 같이 삼위 하나님 안에 고어와 센더의 모습이 조화롭게 나타나고 있는 것을 볼 수 있다. 이러한 면에서 우리는 교회가 건강하고 선교적인 교회가 되기 위한 중요한 원리를 발견하게 된다. 교회도 성부, 성자, 성령 하나님으로 충만해지면 자연스럽게 센더와 고어의 연합이 나타나게 된다. 즉, 선교적인 교회가 된다는 것은 성부와 성자와 성령 하나님의 관계에 대해 이해하고 충만해짐으로 삼위 하나님과 같이 고어와 센더가 연합하여 열방에 하나님 나라의 회복을 이루어가는 것이다.[7]

## 성경에 나타난 센더와 고어와의 관계

삼위 하나님 속에서 우리는 센더와 고어의 역동적인 모습을 발견하였다. 이런 모습에서 센더와 고어가 어떤 우열의 관계가 아니라 서로 동등한 위치에서 다른 역할을 감당하시는 것을 알 수 있다.

어떤 성도는 고어에 대한 신앙적 동경과 열등감을 갖는 경우가 있다. 마치 본국에 있는 센더는 고어에 비해 신앙적으로 연약하고 고어는 무슨 신앙의 슈퍼맨인 것처럼 여기는 경향도 있다. 이러한 인식은 막연한 신앙적 열등감까지도 만들어 낼 수 있다.

• • •
[7]    프레드 센더스, 「삼위일체 하나님이 복음이다」, 임원주, 부흥과 개혁사(2016), 37~82, 83~132 참조하였다. 센더스는 그의 저서에서 삼위 하나님과 복음과 구원의 역사가 어떤 관계에 있는지 그리고 그것이 어떻게 하나님의 나라의 속성을 드러내는지를 설명하고 있다.

그렇다면 성경은 어떻게 말하고 있을까? 센더와 고어의 정확한 비교는 아니지만 서로 다른 역할에 대한 하나님의 관점을 알 수 있는 고린도전서 3장의 바울과 아볼로의 역할을 보면 하나님께서 센더와 고어를 어떻게 바라보실지를 유추해 볼 수 있을 것이다. 이 본문에서 바울은 자신을 복음의 씨를 뿌리며 심는 자로, 아볼로는 말씀을 가르치는 물주는 자로 표현하고 있다(고전3:6). 그들은 각각 다른 역할을 감당하고 있지만 '한 가지"라는 표현을 사용한다. 여기에서 바울이 사용한 '아볼로와 나는 한 가지'(고전3:8) 라는 헬라어 원문 헤이스(εἷς)는 '하나인, 동일한' 이라는 의미를 가지고 있다. 이 단어는 예수님께서 복음서에서 '자신과 하나님 아버지가 하나다'(요10:30) 라는 말씀을 하실 때 사용하셨던 동일한 단어이다. 즉, 바울과 아볼로의 역할은 다르지만 둘 사이에 어떤 우열이나 높고 낮음도 존재하지 않는다는 것이다. 다만 성경은 그들이 서로 다른 역할로의 부르심을 받았다고(고전3:5) 말한다. [8] 더 나아가 바울은 어디에서도 자신이 다른 성도들보다 월등한 믿음을 가졌거나 좀 더 위대한 사람이라고 표현하지 않았다(고전15:8 엡3:8, 딤전1:15). 그러므로 성경은 고어가 센더보다 더 신앙이 좋거나 우월하다는 것을 말하지 않는다.

그렇다면 상급은 어떠한가? 성경은 하나님이 주시는 상급이 성도에게 맡겨진 직분이나 호칭에 의하여 정해지는 것이 아니라 맡겨진 직분에 얼마나 충성했는지에 따라 받게 된다(고전3:8)고 말하고 있다. 하나님 앞에 섰을 때, 센더가 고어보다 더 크고 영광스러운 상급을 받는 장면을 보게 될 수도 있다. 이들은 하나님 안에서 하나의 사명, 즉 선교로 부르심

을 받은 자들로 서로 협력하여 하나님의 뜻을 이 땅에 이루어 가는 동역
의 관계이다.[9] 이는 하나님의 뜻에 따라 언제든지 바뀌어 질 수도 있고
또 상황과 환경에 따라 동시에 감당할 수도 있는 것이다.

> 센더와 고어의 관계는 우열이나 높고 낮음의 관계가 아니라,
> 다른 역할로 하나님의 나라를 함께 회복해가는 동역의 관계이다.

오늘날을 살아가는 우리는 센더이면서도 한국에 있는 다른 문화권
사람들에게도 복음을 전하는 고어의 역할을 동시에 감당하는 시대를 살
아 가고 있다. 또한 사회관계망(SNS, Social Media)을 통하여 선교지
에 있는 영혼을 만나는 고어의 역할을 하는 것도 가능하게 되었다. 이처
럼 다양한 방법의 선교가 이루어지고 있는 시대에는 더더욱 센더와 고
어의 동역이 중요하다.

• • •

8  영국의 대표적인 성경교사인 데이비드 잭맨은 파송한 교회와 파송받은 선교사와의 관계를
   한 몸으로까지 비유하여 설명하고 있다: 데이비드 잭맨, 「요한서신」, 김일우,
   한국기독학생회출판부(2019), P297 참조.

9  성경은 '센더 또는 고어가 누구이든지 결국은 하나님께서 하신다'라는 내용으로
   결론을 맺는다(고전3:6). 모든 것은 하나님이 하시는 것이다. 그리고 하나님은 당신의
   나라의 회복을 위해서 센더와 고어라는 아름답고 귀한 동역의 관계를 디자인하셨다.
   보내심을 받지 아니하였으면 어찌 전파하리요 기록된 바 아름답도다 좋은 소식을 전하는
   자들의 발이여 함과 같으니라(롬10:15).

사도 바울은 고어의 역할을 했지만, 자기 혼자만 선교 사역을 감당하려고 하지 않았다. 그는 끊임없이 아시아 전역에 흩어져 있는 지역 교회가 열방을 향한 세계 복음화에 참여하도록 그들을 격려했다(행14:26,27). 본질적으로 선교는 바울의 뜻이 아닌 하나님의 뜻이기 때문에 성령의 감동으로 쓰여진 그의 편지 안에는 선교를 향한 하나님의 열망이 곳곳에 배어 있을 수밖에 없다. 초대 교회는 지역 교회의 부흥과 열방 가운데 복음을 전하는 선교 사역을 구분하지 않았으며 고어와 센더가 함께 선교를 이루어 가는 건강한 모델을 보여주었다. 오늘날 한국 교회 뿐만 아니라 세계 교회 안에서도 이러한 선교의 개념이 회복되어야 건강하고 바른 선교를 감당할 수 있을 것이다.

초대교회의 역사적인 상황과 현재 우리가 처해 있는 해외선교 사역의 개념이나 상황을 동일하게 볼 수는 없다. 따라서 초대교회 바울의 동역자들을 센더로만 보는 것은 어려울 수 있으나 고어인 바울을 중심으로 보았을 때 그들에게서 보여진 훌륭한 센더의 역할 모델을 살펴보고자 한다.

# 센더로서의 성도

### 브리스길라와 아굴라

신약성경의 대표적인 센더의 역할 모델 중 하나는 브리스길라와 아굴라이다. 바울은 자신의 서신서에서 이들을 여러 번 언급하였다(롬16:3, 고전16:19, 딤후4:19). 그들은 고린도에서 바울과 장막 만드는 일을 같이 했으며(행18:2,3), 바울과 함께 에베소 교회를 개척하였다(행18:26). 브리스길라와 아굴라는 바울을 위해 자신의 생명까지도 아끼지 않은 헌신으로 선교사역에 동참했다(롬16:4). 이처럼 헌신된 센더가 고어와 함께 함으로써 선교사역에 큰 역사를 이루었음을 볼 수 있다.

### 뵈뵈

로마서 16장에는 바울이 로마교회의 성도들에게 추천하거나 문안하라고 부탁하면서 많은 이름들이 나오는 것을 볼 수 있다. 여기에서 처음으로 나오는 이름이 뵈뵈인데 바울은 그녀를 자기의 보호자로 표현하고 있다(2절). 이를 보면 그녀는 사도 바울의 일행을 정성스럽게 돌보았을 것임을 짐작할 수 있다. 복음을 위해 자신의 목숨을 기꺼이 드렸던 바울, 수많은 선교사들의 롤모델인 바울에게도 뵈뵈처럼 육체적, 정서적으로 돌보아 준 센더가 필요했던 것이다.

### 아나니아

사울은 다메섹으로 가는 길에서 강한 빛을 보고 하늘로부터 예수님의 음성을 들은 후 앞을 보지 못하게 되었다(행9장). 그가 금식하며 기도하고 있을 때 다메섹에 사는 아나니아라는 제자가 하나님의 음성을 듣고 사울을 찾아와 안수하여 다시 보게 되었다. 아나니아는 사울이 바울로 변화되는 과정에서 하나님의 일꾼으로 역할을 감당했다. 그는 역사상 위대한 선교사인 바울이 탄생하는 중요한 순간에 사용된 센터였다. 가는 자로서 바울의 선교 사역이 매우 중요한 사명이었다면 아주 짧은 순간이었지만 사울을 바울 되도록 하나님의 명령에 순종했던 아나니아의 사역 또한 동일하게 중요한 사역이라 할 수 있다. 그러하기에 우리도 아나니아처럼 어느 순간, 어떤 모습으로든 쓰임 받을 수 있는 것이다.

### 가이오

가이오는 사도 요한이 개인적인 서신을 보내 칭찬할 정도로 나그네를 잘 대접했던 사람이었다(요삼1장). 성경에서 그를 장로로 소개하는 것을 볼 때 오늘날 교회를 책임지고 섬기는 목회자에 해당하는 자로 짐작할 수 있다. 그런데 가이오가 접대한 사람들을 보면 이방인에게 나아가 아무것도 받지 않고 복음을 전하는 복음전도자들이라고 설명하고 있다.[10] 그리고 사도 요한은 이들을 섬기고 도와주는 것이 그들의 하는 일

---

10 바클레이 성경주석은 성도들은 당연히 교회가 파송한 선교사와 함께 어떤 식으로든 동역해야 한다고 말하고 있다: 윌리엄 바클레이, 「바클레이 성경주석, 요한1,2,3서」, 편찬위원회, 기독교문사(2009), p479-480 참조. 또한 요삼 1:8에 나오는 이 사람들에 대하여 메튜 헨리는 요한이 파송한 전도자들 일지도 모른다고 말한다: 메튜 헨리, 김영배, 「메튜 헨리 주석, 디모데전서~계시록」, 편찬위원회, 크리스찬 다이제스트(2013), p940 참조.

에 참여하는 일이라고 말씀하고 있다(요삼1:8). 가이오는 순회 선교사들을 물심양면으로 돕고 섬김으로 주님의 마음을 기쁘시게 했으며 그 도움과 섬김은 순회 선교사들에게 큰 힘과 위로가 되었을 것이다. 이에 대해 그들은 다른 교회들을 방문할 때마다 장로 가이오의 섬김과 사랑에 대하여 간증하였다.

> 바울이 선교 사명을 감당할 수 있었던 것은
> 그와 함께한 센더들의 동역을 허락하신 하나님의 은혜였다.

### 그 외의 성도들

로마서 16장에는 바울과 함께 했던 수많은 동역자들이 언급되고 있다. 바울은 이들을 '내가 사랑하는 자', '나의 보호자', '나와 함께 갇혔던 자', '나의 동역자' 등으로 소개하고 있다. 여기에서 우리는 그들이 바울과 함께 사역했거나 바울의 사역을 직간접적으로 도왔다는 것을 알 수 있다. 하나님의 은혜로 바울이 선교 사명을 감당할 수 있었지만, 그의 선교사역을 위해 함께 헌신하여 기도하고, 물질로 후원하며 보호자가 되어주는 등, 심지어는 에바브로디도(빌2:30)처럼 자신의 목숨까지도 돌보지 않았던 센더들의 동역이 있었기 때문에 가능했다.

## 센더로서의 교회

### 안디옥 교회

안디옥 교회는 바나바와 사도 바울을 파송한 교회였다. 지도자들이 기도하면서 성령의 지시하심을 받고 금식하고 기도하면서 그들을 안수하여 보냈다(행13:3). 안디옥 교회는 바나바와 바울의 선교사역의 기초가 되었을 뿐만 아니라, 그들이 선교적 사명을 다하도록 도왔다. 1차 전도여행을 마친 바나바와 바울이 안디옥에 돌아와서 '교회를 모아 하나님이 함께 행하신 모든 일과 이방인들에게 믿음의 문을 여시는 것을 보고'(행14:26,27) 하였고, 제자들과 함께 오래 있었다. 이때 안디옥 교회의 도움으로 1차 전도여행에서의 힘들고 어려웠던 것으로부터 회복하는 시간을 가졌을 것이라 짐작해 볼 수 있다. 그 회복의 과정이 그들로 하여금 2차 전도여행을 시작할 수 있도록 하는 힘이 되었을 것이다. 이것이 센더인 교회가 감당할 수 있는 중요한 역할이다.

### 빌립보 교회

빌립보서 4장에 보면, '그러나 너희가 내 괴로움에 함께 참여하였으니 잘하였도다 빌립보 사람들아 너희도 알거니와 복음의 시초에 내가 마게도냐를 떠날 때에 주고 받는 내 일에 참여한 교회가 너희 외에 아무도 없었느니라 데살로니가에 있을 때에도 너희가 한 번 뿐 아니라 두 번이나 나의 쓸 것을 보내었도다'(14~16절) 라고 바울이 쓰고 있다. 빌립보 교회 성도들은 특별히 바울의 사역을 위해 물질로 도운 것을 우리는 알 수 있고 바울은 이에 대해 큰 감사를 드리고 그들의 삶에도 하나님께서 풍성히 채워 주시기를 축복하였다(19절).

### 골로새 교회

골로새서 4장에서는 바울이 특별히 골로새 교회에는 복음 전도의 문이 열리도록 기도해 달라고 부탁하는 모습을 볼 수가 있다. 물론 다른 편지들에서도 바울이 기도를 요청하는 모습을 보이지만, 우리는 골로새 교인들이 바울의 선교에 있어서 기도의 동역자로 서 있었다는 것을 짐작할 수 있는 부분이다. 선교에 있어서 기도가 얼마나 중요한 지를 안다면 골로새 교회처럼 기도로 협력하는 교회들의 소중함은 아무리 강조해도 지나치지 않을 것이다.

지금까지 성경에 나타난 예를 통해, 우리는 센더가 상황과 환경에 따라 여러 가지 다른 역할을 감당했음을 살펴보았다. 또한 그 센더의 역할은 교회와 성도 개개인의 은사와 능력에 따라 다양한 모습으로 나타날 수 있는 것이다.

**결 론**

지금까지 우리 자신의 정체성과 부르심 그리고 선교의 큰 그림에 있어서 센더와 고어가 함께 이루어 가는 하나님 나라의 거대한 회복의 역사를 보았다. 선교는 막연한 그리스도인의 의무나 책임이 아니라 아버지의 사랑을 입은 하나님의 자녀들이 삼위 하나님의 사랑으로 충만해져서 함께 하나님의 나라를 이루어가는 아름다운 동역이라는 것을 살펴보았다.

> 보내심을 받지 아니하였으면
> 어찌 전파하리요 기록된 바 아름답도다 좋은 소식을 전하는
> 자들의 발이여 함과 같으니라 롬 10:15

하나님께서는 세상의 모든 교회가 '가는 자'와 '보내는 자'로 아름답게 조화를 이루어 당신의 나라의 회복을 위해 일할 수 있기를 원하신다. 보내는 역할을 하는 센더의 자리는 하나님 나라의 회복에 반드시 함께 해야 할 소중한 부르심이다. 교회가 삼위 하나님으로 충만해지고 그리스도의 마음으로 '가는 자'와 '보내는 자'가 다양한 은사로 아름답게 동역할 때에 주님의 명령인 세계선교가 더 건강하고 아름다운 모습으로 이루어 질 수 있을 것이다.

개인적으로, 선교적 삶으로의 부르심을 받았는가?
아니라면, 이 부르심에 대하여 어떻게 생각하는가?

센더 혹은 고어 중에 나에게는 어떤 부르심이 있는가?
만약 생각해 본적이 없다면, 하나님께서 어느 역할로 부르시는 것
같은가?

'센더, 그 잊혀진 부르심'을 통한 개인의 기도 제목은 무엇인가?

# 역사 속의 센더와
# 세계 선교의 남은 과제

오직 성령이 너희에게 임하시면
너희가 권능을 받고 예루살렘과 온 유대와 사마리아와 땅 끝까지 이르러
내 증인이 되리라 <u>사도행전 1:8</u>

기독교 선교 역사 속에는 우리에게 잘 알려지지 않은 평범한 사람들 가운데 하나님 나라 회복을 위해 자신의 삶을 바친 귀한 센더들이 있었다. 우리는 먼저 하나님께서 그들의 삶과 헌신을 통해 어떻게 선교의 역사를 이루어 가셨고 이를 통해 우리에게 주시는 도전의 메시지가 무엇인지 찾아보고자 한다. 후반부에는 세계 복음화를 완성하기 위해 해결해야 할 과제인 '미전도 종족'에 대한 개념을 이해하여 센더가 어떻게 미전도 종족 선교에 동참할 수 있는지 알아보고자 한다.

## 선교 역사 속의 센더

### 진젠도르프와 모라비안 공동체[11]

일반적으로 개신교의 현대 선교 역사는 윌리엄 캐리(William Carey, 1761~1834)로부터 시작되었다고 알려져 있다. 그러나 평범한 센더들의 선교적 공동체가 그 이전에 개신교 선교 역사의 마중물이 되었음을 알고 있는 이들은 많지 않다. 현대 개신교 선교의 불씨가 된 이들이 바로 진젠도르프(Zinzendorf, 1700.5.26~1760.5.9)와 모라비안(Moravian) 공동체였다. 진젠도르프는 독일에서 지주 계급의 귀족 가정에서 출생했다. 어렸을 때부터 경건주의자였던 할머니 밑에서 신앙을 배웠던 그는 할레(Halle) 대학에서 공부하며 겨자씨 선교회를 만들어 그의 친구들과 함께 선교를 위해 기도했던 신실한 청년이었다. 그러한 그가 주님 앞에 온전히 헌신하는 계기를 다시 만나게 된다. 19세 때 유럽 여행 중 미술관을 방문하였는데, 그 곳에서 예수님이 가시 면류관을 쓰고 수난을 당하는 그림[12]을 보게 되었다. 특히 그림 밑에 쓰인 "나는 너를 위해서 죽었는데 너는 나를 위해 무엇을 하느냐"는 글귀를 보며 그는 깊은 묵상에 잠겼다. 진젠도르프는 그 그림을 통하여 크게 감동을 받고 앞으로 한 가지에만 열중하며 살기로 결심하게 되는데 그 한 가지는 '오직 예수님만을 열망' 하는 것이었다.

그가 살고 있는 지역(베르텔스도르프)에는 보헤미아(체코) 지역에서 종교적 핍박을 피해 그 곳으로 피난해 온 사람들이 있었는데 그들이 바로 모라비안들이었다. 이들은 종교적 핍박을 피해 그 곳에 도착하였고 진젠도르프는 그들을 위해 머물 수 있는 공간을 제공하게 되면서 헤른후트(Herrnhut, 주님의 파수꾼)라는 공동체가 시작되었다. 그들은 하

* * *

11   (a) 폴 피어슨, 「선교학적 관점에서 본 기독교 선교 운동사」, 임윤택, 기독교문서선교회(CLC, 2009), p395~420; (b) 루스 터커 「선교사 열전」, 오현미, 복있는 사람(2015), p159~181; (c) 안승오 「한 권으로 읽는 세계 선교 역사 100장면」, 평단(2010), p211~216; (d) 랄프 윈터, 스티브 호돈, 한철호, 「퍼스펙티브스 성경적 역사적 관점」, 예수전도단(2010), p707~711의 내용을 요약 정리한 것이다.
12   도미니코 페티, "에체호모(Ecce Homo, 이 사람을 보라), https://m.blog.naver.com/PostView.nhn?blogId=panem&logNo= 220204766226&proxyReferer=https:%2F%2Fwww.google.com%2F

나님 앞에 신실하며 헌신된 사람들이었지만, 다양한 배경을 가진 사람들이 공동체 안에서 함께 살다 보니 여러 가지 갈등들이 발생하였고, 나아가 신학적인 문제로 인해 어려움이 가중되었다. 공동체의 화합과 화해를 위해 노력하던 진젠도르프의 제안으로 열리게 된 말씀 사경회를 통하여 그들은 놀라운 부흥을 경험하게 된다. 그 이후 모라비안 공동체는 생명을 가장 귀한 일에 드리기로 결심하고 '365일, 24시간 릴레이 기도'를 시작하였는데 이 기도는 무려 100년 동안 지속되었다. 또한 영적 각성과 연속적인 기도운동을 통해 이들은 복음이 전해지지 않은 곳을 향한 선교의 비전을 갖게 되었다.

진젠도르프와 모라비안 공동체는 서인도제도 섬에서 온 아프리카인 노예를 만나 그의 간증과 요청으로 선교에 대해 눈을 뜨기 시작했다. 공동체는 최초로 두 명의 선교사를 서인도제도의 섬으로 파송하였고, 파송된 선교사들은 평범한 목수와 토기장이였으며 아프리카 흑인 노예들을 위해 자신들이 노예로 팔려가는 것에 두려워하지 않고 노예들에게 전도하며 감옥에 갇히기도 하였다. 또한 모라비안 공동체는 북미 아메리카 원주민들에게도 선교사를 파송하였고, 이 선교사들은 유럽의 이주민들로부터 원주민들을 보호하기 위해 자신의 생명을 희생하기도 하였다. 모라비안 공동체에서 파송된 선교사와 가족의 절반이 선교지에서 질병으로 순교를 당하였다. 이들이 공동체에서 믿고 따르던 복음은 단순하고 명료하였는데 바로 그리스도의 고난과 죽음이었다. 그들이 선교지에서 전한 복음도 이렇게 단순하였지만 이교도들은 이전에 들어보지 못한 메시지에 충격을 받았고, 말씀을 듣고 밤에 예수 그리스도가 자신을 위해 피를 흘리는 꿈을 꾸기도 했다. 복음이 이들의 마음 가운데 임하자 그들 가운데 각성과 부흥이 일어나며 많은 이들이 그리스도께 돌아오게 되었다.

> 모라비안 공동체는 어떤 특정인만이 아니라
> 모든 성도가 선교를 위해 살아가는 복음 공동체였다.

모라비안 공동체는 처음 28년 동안 28개국(남아프리카, 그린랜드, 북아메리카, 이집트, 중앙아메리카, 알래스카, 기아나, 수리남 등)에 선교사를 파송하였다. 교인 13명당 1명이 선교지로 떠난 것이다.[13] 모라비안 공동체는 어떤 특정인만이 아니라 모든 성도가 선교를 위해 살아가는 복음 공동체였다. 공동체에 남은 이들은 생업을 감당하면서 한 마음으로 이들을 위해 기도하며 후원하였고 자신들이 선교지로 나가야 할 차례에는 자신의 직업(장인, 농민, 상인 등)으로 자비량 선교를 감당했다. 그들에게는 보내는 자와 가는 자의 구분이 중요하지 않았다. 진젠도르프는 공동체의 리더로서 헤른후트에서 보낸 선교사들을 돌보며 그 시대 그들이 감당할 수 있었던 선교의 사명들을 수행하였다.

• • •

13   폴피어슨, Ibid., p403

이러한 헌신에도 불구하고 이들의 신학적인 결함과 재정 관리의 부족함, 선교사역의 극단적인 부분들이 기독교 역사가들에게는 비판적으로 평가되기도 했다. 하지만 선교에 대한 이해도 없던 개신교 선교의 태동 시기에 오직 주님의 명령(세계 복음화)에 순종하고자 했던 그들의 신앙과 믿음은 우리가 본받아야 할 부분이다. 이들은 개신교 선교의 기폭제가 되었으며 이후로도 개신교 선교에 큰 영향력을 끼치게 된다. 그리하여 폴 피어슨은 진젠도르프를 '역사상 가장 탁월한 선교 지도자 가운데 한 사람'이라고 말하고 있다.[14] 특히 영국의 부흥 운동을 일으킨 존 웨슬리에게는 직접적인 영향을 주어 그의 부흥 운동과 감리교 선교 운동을 촉진시키는 역할을 하게 된다. 현대 선교의 아버지라 불리는 윌리엄 캐리 역시 선교의 비전을 세우는데 모라비안 공동체로부터 영향을 받았을 뿐 아니라 그들의 선교 모습에 강한 도전을 받았다. 자신의 모든 것을 버리고 선교에 전념했던 진젠도르프는 1760년 가난하게 생을 마감했는데 그의 생전에 그와 그의 공동체는 226명의 선교사를 파송했으며 다음 세대에 걸쳐 계속적으로 선교사를 파송하게 되었다. 그리하여 1930년까지 14개국에 3천여 명의 선교사들을 파송하였다.[15]

• • •

14 폴 피어슨, Ibid., p398
15 안승오, op. cit., p213
16 루스 터커, op. cit., p161
17 이 단락은 (a) 폴 피어슨, op. cit., p455~460; (b) 한철희(나사렛대학교, 기독교교육학 교수), "부흥과 신앙 이야기", 평양 대부흥사이트, http://www.1907revival.com을 요약 정리한 것이다.

그당시 모라비안 공동체는 개신교 진영 전체가 2세기 동안 파송한 선교사보다 더 많은 수의 선교사들을 파송했다.[16] 한 지역의 조그마한 교회 공동체가 이러한 일들을 할 수 있었던 것은 땅끝까지 복음을 전파하라는 주님의 대위임령을 자신들에게 주어진 것으로 인정하고 그 일에 자신의 삶을 최우선 순위로 드렸기 때문이었다.

모라비안 공동체는 오늘날 선교적 교회(Missional Church)의 모판이 되는 선교 공동체였으며 선교가 특정인에게만 아니라 성도 모두에게 주어진 소명임을 일깨워주었던 진정한 교회 공동체의 모습으로 현대 개신교 선교의 원동력이 되었다.

## 티모시 드와이트(Timothy Dwight)[17]

티모시 드와이트(Timothy Dwight, 1752~1817)는 미국 대각성 운동을 일으킨 조나단 에드워즈의 외손자이다. 예일대가 지금은 미국의 유명한 대학 중의 하나이지만 그 당시 부임한 신임 총장 티모시 드와이트(43세)가 바라본 예일대는 100년의 역사에도 불구하고 오늘날과 같은 모습은 아니었다. 학생 두 세명이 모이면 학업과 진리를 탐구하는 것보다는 카드를 돌리며 도박을 즐기고 음주와 폭력으로 얼룩진 그런 저급한 대학가의 모습이었다. 그에게는 이러한 모습을 보며 그리스도인이 가진 품위와 진리를 학생들에게 전하고자 하는 열망이 있었다. 조직신학을 가르쳤던 그는 총장으로서 많은 업무에도 불구하고 채플시간의 설교를 맡아 성경의 진리와 십자가의 핵심사상을 학생들에게 심어 주려했고 이에 대해 학생들과 진지한 토론과 상담에 열린 마음으로 성실하게 답변하였다.

　드와이트의 노력에도 불구하고 학생들은 그를 가리켜 '예일대의 교황'이라며 비난하고 조롱하였지만 그는 이러한 조롱에도 불구하고 자신이 부름 받은 대학에서 그리스도인으로서의 소명을 묵묵히 수행해 나갔다. 결국 그의 사상과 삶은 강력한 힘이 되어 학생들이 조금씩 변화되기 시작하였다. 하지만 그가 오늘날처럼 명성이 높은 예일대의 초석을 놓기까지는 쉽지 않은 과정이었으며 계속된 노력과 헌신의 시간을 필요로 했다. 지성인인 대학생들에게 복음의 진리를 전달하고 이해시키는 과정에서 그의 삶과 열린 토론들은 차츰 결실을 맺기 시작하였고, 그렇게 7년이라는 세월을 보냈을 때 캠퍼스 안에서는 이전과 같은 방종의 문화가 사라졌으며 학생들이 기도실을 찾고 또한 총장을 비웃던 학생들이 그를 찾아와 회개하는 일들이 일어났다. 또한 이전에는 꿈을 찾지 못하던 학생들 중에 하나님 나라의 비전에 동참하는 학생들이 생겨났다. 티모시 드와이트는 신앙적인 부분만 아니라 총장으로서 대학의 행정과 교육의 발전을 위해서도 노력하여 예일대를 미국의 일류대학으로 성장시키는데 큰 공헌을 하게 되었다.

　　　　　티모시 드와이트는 직업 속에서 소명 의식을 가지고 드러나지는 않았으나 학생들을 깨우며 미국 선교에 지대한 공헌을 하였다.

특별히 예일대에서 시작된 학생들 간의 신앙 회복 운동과 부흥은 다른 대학들에게도 영향을 주게 되었다. 그 영향을 받은 사람들 중에 윌리엄스 대학에 다니던 사무엘 밀즈도 있었는데, 그는 미국에서 해외 선교를 시작한 인물들 중의 하나일 뿐 아니라, 선교 동원가로서도 큰 역할을 한 것으로 알려졌다. 이제 미국 해외 선교 운동의 중요한 획을 그었던 '학생 자원 운동'과 사무엘 밀즈의 역할에 대해 좀 더 알아보고자 한다.

### 사무엘 밀즈(Samuel Mills)와 건초더미 기도회[18]

사무엘 밀즈(Samuel Mills, 1783~1818)는 티모시 드와이트와 예일대에서 시작된 학생들의 부흥의 영향을 받고 윌리엄스 대학교의 몇몇 학생들과 함께 매주 수요일과 토요일 오후에 학교 근처 강변에 모여 대학의 부흥과 세계 선교를 위해 정기적으로 기도 모임을 가졌다. 어느 날, 기도 모임을 하던 중 심한 비바람으로 주변의 건초더미로 자리를 옮겨 모임을 계속 진행하였다. 그들은 폭풍우가 멈추기를 위해 기도하며 또한 특별히 학생들 사이에서 세계 선교에 대한 관심이 일어나기를 기도하였다.[19] 이 기도회에서 그들은 강한 성령 체험을 하게 되고 대학의 부흥과 세계 선교를 위해 자신을 드리기로 서원하게 되었다.

4년 후, 그들은 앤도버 신학교(미국 최초의 신학대학원) 학생이 되었

* * *

18  (a) 폴 피어슨, Ibid., p455~460, 517; (b) 랄프 윈터, 스티브 호돈, 한철호, op. cit., p634~635; (c) 안승오, op. cit., p211~ 216, p393~394의 내용을 요약 정리한 것이다.
19  랄프 윈터, 스티브 호돈, 한철호, Ibid., p634 요약, 정리

고, 새로운 친구인 아도니람 저드슨(Adoniram Judson Gordon, 1836~1895)을 사귀게 되었으며 저드슨 역시 기도 회원으로 참석하여 선교를 위해 계속 기도하였다.[20] 이들은 선교를 위해 형제회를 만들었고, 이 형제회에는 60년 동안 앤도버 신학대학원을 졸업한 졸업생 527명이 가입하였는데 이 중 절반은 선교사로 나갔다. 나머지는 이들을 파송하는 센더로서 선교적 공동체를 이루었다. 아도니람 저드슨은 '미국 최초의 선교사'가 되어 미얀마로 나갔다. 그 당시 미국의 교회들은 선교에 관심이 없었으며 선교 조직이나 재정이 미약한 상태였다. 하지만 이들은 교계 지도자들을 만나고 그들을 설득하여 결국 1810년 미국 최초의 해외 선교 단체인 미국 해외 선교회(American Board of Commissioners for Foreign Mission, ABCFM)를 조직하게 되었다. 미국 최초의 해외 선교 단체가 학생들에 의해 만들어진 것이다.

이렇게 학생들이 함께 했던 건초더미 기도회는 계속해서 미국 선교 역사에 중요한 불씨가 되었고, 그 기도 모임을 기억하는 이들이 역사 가운데 속속 등장하게 된다. 그리고 선교 역사 가운데 최초로 기도회를 기

• • •

20  폴 피어슨, op. cit., p458
21  안승오, op. cit., p393
22  랄프 윈터, 스티브 호돈, 한철호, op. cit., p 635
23  (a) 폴 피어슨, op. cit., p516~523; (b) 랄프 윈터, 스티브 호돈, 한철호, Ibid., p632~641; (c) 루스 터커, op. op. cit., p499~532; (d) 안승오, op. cit., p293~298의 내용을 요약 정리한 것이다.
24  랄프 윈터, 스티브 호돈, 한철호, Ibid., p636
25  루스 터커, Ibid., p512
26  폴 피어슨, op. cit., p520

넘하는 기념비를 세웠는데 지금도 윌리엄스 대학의 한 모퉁이에 있으며, "미국의 선교가 여기에서 시작되었다"라고 새겨져 있다.[21]  선교 역사가 라투렛(Kenneth Scott Latourette)은 "미국 교회의 해외 선교 운동은 바로 이 건초더미 기도회의 영향으로 시작되었다"라고 주장하고 있다.[22]

## 헐몬산 학생 수양회와 학생 자원 운동(The Student Volunteer Movement)[23]

루터 위샤드(Luther Wishard, 1854-1925)는 1806년에 일어났던 건초더미 기도회를 기억했던 학생 중 한 명이었다. 건초더미 기도회가 일어난 지 70년 후, YMCA의 간사였던 그는 기도회 기념비 앞에 무릎을 꿇고 '주여, 그 일을 다시 행하옵소서'라고 기도했다.[24] 그는 건초더미 기도회의 영향을 받고 대학의 각성을 위한 계획을 세웠다. 그는 전도자 무디를 초청하여 1886년 여름 메사추세츠주 마운트허먼에서 열린 제1회 기독 대학생 집회[25]를 개최하였는데, 이 성경 사경회에서 250명의 학생들이 선교적 도전을 받게 되었다. "모두 가야 한다. 모든 곳으로"라는 메시지에 청년들은 반응하기 시작했고 수양회 후에 100명의 학생들이 선교에 헌신하게 되었다. 이 집회가 해외 선교를 위한 학생 자원 운동(The Student Volunteer Movement)의 시작이 되었다. 그 곳에서 부흥을 경험한 학생들은 대표들을 뽑아 미국과 캐나다에 있는 167개의 대학교를 방문하여 헐몬산 수양회에서 받았던 세계 복음화에 대한 비전을 나누었다.

1888년 YMCA의 지원을 받아 해외 선교를 위한 학생 자원 운동이 조직되었고, 그 슬로건은 "우리 세대에 세상을 복음화하자"였다.[26] 존 모트(John Mott, 1865~1955)는 코넬대 학생으로서 헐몬산 사경회에 참석하였으며, 졸업 후에 학생 자원 운동에 헌신하였고, 후에 사무 총장이 되어 30년 동안 리더로서 이 운동을 이끌었다. 그는 그 당시 엄청난 연봉을 받는 직장에 다녔지만 부르심을 따라 직장을 내려 놓고 이 일에 전념하였다. 그는 세상의 부와 명예를 버리고 수천 명의 학생들을 도전하고 준비시켜 해외 선교사로 보냈다. 비록 선교사로 나가지는 못했지만 선교역사에서 빼놓을 수 없는 선교 지도자로서 센더의 모델을 보여 주었다고 할 수 있다.

> 하나님 나라를 위해 여러 모양으로 동참하고자 했던
> 학생들의 믿음과 헌신은 선교 역사의 흐름을 바꾸어 놓았다.

존 모트의 친구인 로버트 스피어(Robert Speer, 1867~1947)도 센더로서 해외 선교 운동에 헌신하였다. 그 역시 고어가 되고 싶었지만 그가 가진 동원의 은사를 가지고 학생 자원 운동의 순회 총무로 사역하면서 1년에 1,000여명의 해외 선교사 지원서를 받기도 했다. 후에 그의 동원과 행정력을 높이 평가한 장로교 교단 선교부의 권유로 46년간 교단 총무로 활동하기도 했다. 70세 은퇴 이후에도 계속 강연을 다니며 백혈병으로 임종을 맞이하기까지 이 일을 멈추지 않았다. 그러면서 선교 일선에서 수고하고 있는 사람들에 비하면 자신은 아무것도 한 것이 없다고 마지막 순간까지 자신을 낮추는 겸손의 모습을 보였다. 그를 통해 겸손과 헌신으로 살아간 진정한 센더의 모습을 볼 수 있었다.

학생 자원 운동을 통해 1년간 167개 대학에서 2,016명의 헌신자가 나왔으며, 1945년까지 2만 5백명의 선교사가 나갔고, 최소 8~10만 명의 센더가 동역했다. 그 당시 대학을 졸업하면 보장된 미래와 안락한 삶이 있었으나 그 모든 것을 내려놓고 미전도 종족을 향해 복음을 들고 나아가는 청년들의 헌신이 이어진 것이었다. 또한 그들 못지않게 남아있던 학생들도 선교사를 보내는 일을 자신의 일처럼 생각하며 선교적 삶을 살아갔고, 이들로 인하여 학생 자원 운동이 더욱 활발하게 일어날 수 있었다.[27] 하나님 나라를 위해 여러 모양으로 동참하고자 했던 이들의 믿음과 헌신은 선교 역사의 흐름을 바꾸어 놓았다. 또한 우리는 학생 자원 운동을 통하여 나가는 자와 보내는 자의 아름다운 동역을 볼 수 있다. 그 당시 젊은이들의 선교적 열정과 더불어 센더와 고어의 동역하는 모습은 오늘날 우리에게 시사하는 바가 크다.

### 조지아 사바나의 흑인침례교회[28]

조지아주의 흑인침례교회는 대부분 노예로부터 해방된 흑인들로 구

• • •
27  루스 터커, Ibid., p499
28  폴 피어슨, op. cit., p460

성된 교회였다. 이들은 노예의 신분이었음에도 불구하고 복음이 없는 아프리카와 남미를 향해 선교사를 파송하였다. 미국에서 최초의 해외 선교사로 알려진 아도니람 저드슨이 파송되기 19년 전, 이 곳에서는 이 미 2명의 선교사를 파송하였다. 데이빗 조오지(David George)는 노바 스코티아로 갔다가 시에라리온으로 가서 서아프리카 최초의 교회를 설 립하였고, 조오지 리얼레(George Liele)는 자마이카로 갔다. 그 당시 흑백의 심한 차별과 노예로서의 고단한 삶에도 불구하고 이 교회의 교 인들은 복음 안에서 진정한 자유를 경험하며 복음으로 살았던 센더들이 었다. 지탱하기 힘든 삶과 가난한 마음 가운데 오신 성령은 오히려 이들 의 약함을 통하여 그 분의 능력을 드러내시며 선교를 이루어 가셨다.

### 메리 웹(Mary Webb)[29]

미국에서 여성이 선교에 최초로 참여한 기록은 선교 후원자로 센더 의 삶을 산 메리 웹(Mary Webb, 1881–1927)이었다.[30] 그녀는 뇌성마 비라는 신체의 어려움을 지녔던 장애인이었다. 메리 웹은 십대 때 뇌성 마비를 앓아 휠체어를 타고 다녔다. 그러한 가운데 예수님을 만나게 되 고 자신의 삶을 예수님께 드리며 특별히 선교를 위해 헌신하고 싶었다. 그러나 병약한 여성의 몸으로 그녀가 할 수 있는 일은 그리 많지 않았다.

• • •
29   폴 피어슨, Ibid., p525~539 세계선교와 여성 선교사 운동의 내용을 요약 정리한 것이다.
30   폴 피어슨, Ibid., p529
31   폴 피어슨, Ibid., p529
32   폴 피어슨, Ibid., p529

그러던 중, 1800년 침례교 회중 교단의 여성 14명을 모아 '보스턴 여자 선교 후원회'(The Boston Female Society for Missionary Purpose)를 조직하게 되었다.[31] 연회비는 2달러였는데, 이는 당시 화폐 단위로 볼 때 적은 돈은 아니었다. 이 운동은 점차 성장해서 2년 후 심킨스 부인이 선교 후원을 위한 '센트 후원회'가 조직되는데 영향을 끼쳤다. 각 회원들은 매주 모임을 하며 1페니씩 회비를 모았다.[32]

> 전문가도 아니고, 제대로 교육도 받지 못했지만
> 부흥을 경험하고 순종한 메리 웹(Mary Webb)을 하나님은
> 센더들을 모으는 센더로 사용하셨다.

메리 웹의 후원회는 1800년 미국 최초 해외 선교회(1810년)보다 10년 일찍 시작되었다. 전문가도 아니고, 제대로 교육도 받지 못했지만 부흥을 경험하고 순종한 메리 웹을 하나님은 센더들을 모으는 센더로 사용하셨다. 당시 여성들은 독립적인 수입원이 없었다. 가정 살림을 위한 생활비를 남편에게 받는 정도였다. 그런 가운데 선교비를 조금씩 떼어 드렸고, 그들의 기도와 비전은 새로운 선교 운동을 태동시켰다. 그 당시 미국 사회와 교회에 있었던 여성에 대한 차별의식은 여성이 가르치는 일들을 금지시켰고 여성 모임에 대한 지원도 없었다. 더구나 미국의 선교가 태동되는 시기에 여성들이 선교에 동참한다는 것은 교회에서 받아들이기 힘든 일이었다. 그럼에도 메리 웹과 보스턴 여자 선교 후원회는 그들에게 주신 비전을 가지고 '선교 후원회'를 구성하여 선교 역사에 중요

한 역할을 감당하게 되었다.

또한 자신이 받은 유산을 선교를 위해 드리는 여성들도 나왔다. 최초로 선교 단체에 자신의 유산을 바친 사람은 하녀로 살았던 샐리 토마스(Sally Thomas)였다. 그녀는 평생 모은 전 재산 345.38달러를 선교를 위해 드렸다.[33] 이런 여성 선교 운동은 계속 발전하여 여성들이 선교에 참여하는 폭을 확장시키는 결과를 가져왔다.

## 한국교회와 역사 속의 센더[34]

한국교회가 세워진 배경에는 훌륭한 선교사들을 보내고 본국에서 관심과 헌신으로 동역했던 센더들이 있었다. 한국교회를 위한 선교는 초기부터 센더와 고어의 동역으로 세워진 대표적인 선교의 모델이라고 할 수 있을 것이다. 일례로 한국교회 초기에 가장 큰 영향력을 미쳤던 언더우드(호러스 그랜트 언더우드(Horace Grant Underwood: 원두우, 1859~1916)선교사도 본인과 가족들의 완전한 헌신과 더불어 그들을 보냈던 미국 교회 센더들의 기도와 관심이 함께 함으로써 한국 교회 역사의 중요한 초석을 놓게 된 것이었다.

• • •

33 폴 피어슨, Ibid., p530
34 박용규(총신대 신대원, 역사신학 교수), "부흥을 꿈꾸는 이들 Horace G. Underwood(1859–1916) ", 평양 대부흥 사이트, http://www.1907revival.com; 박용규, 『평양 대부흥 운동』, 생명의 말씀사(2007), p631~640의 내용을 요약 정리한 것이다.
35 한국 기독교 초기의 성미(誠米)운동은 여성도들의 주님을 사랑하는 마음에서 비롯되었다. 이것은 목회자와 전도자들을 도왔을 뿐만 아니라 그들의 신앙의 표현으로 센더의 정신이 묻어나는 것으로 볼 수 있다.

한국기독교는 원산부흥과 평양대부흥을 통하여 성장하기 시작했고 이와 더불어 선교에 대한 열정으로 선교사를 파송하기 시작했다. 그리하여 그 당시 복음의 불모지였던 제주도로 이기풍 선교사를 보내 복음의 씨를 뿌리게 했다. 나아가 일본, 중국, 몽골, 시베리아까지 해외에 흩어진 동족을 위해 선교사들을 파송하였고, 전국 교회가 헌금을 모아 센더로서 선교 사역에 동참하였다. 이는 세계선교 역사의 보기 드문 초기 한국교회의 특별한 선교의 열정이었다.[35]

 역사 속의 센더들을 통한 교훈들

우리는 역사 속의 센더들을 통하여 선교는 영적 부흥에서
시작되며, 진정한 부흥은 선교로 이어진다는 것을 배울 수 있었다.
또한 부흥과 선교 운동은 소수의 부르심을 따라 기도했던
사람들을 통해 시작되었으며 여기에는 빈부, 지위 고하를
막론하고 하나님 나라가 임하기를 간절히 기도했던 사람들을
사용하셨다는 것을 알 수 있다.

선교는 영적 부흥에서 시작되며, 진정한 부흥은 선교로 이어진다.
또한 역사 속의 센더들은 오직 주님 한 분만을 열망하고 그 분의
목적에 우선 순위를 두었던 삶을 살았다. 날마다 하나님의 말씀이
그들을 이끌도록 간구하였고, 하나님은 그러한 그들을
사용하셨다. 오늘날 우리 삶의 우선순위와 영적인 관심사가
어디에 있는지 다시 한번 생각해 볼 필요가 있겠다.

## 센더와 세계 선교의 남은 과제

역사 속의 센더 이야기를 통해 평범한 사람들의 열정과 헌신이 세계 복음화에 얼마나 큰 영향을 미쳤는가 살펴보았다. 이제 세계 복음화의 완성이라는 사명을 이어받은 오늘날 우리 믿는 자들은 무엇에 초점을 맞추어야 하는가를 알아야 한다. 많은 선교전문가들은 세계 복음화를 이루는 가장 빠른 길은 아직 복음을 듣지 못했거나 자체적으로 복음을 전할 능력이 없는 사람들, 즉 생동력 있는 그리스도의 공동체가 없는 사람들에게 집중하여 복음을 전해야 한다는 것에 동의하고 있다. 이러한 사람들을 우리는 '미전도 종족'이라고 부른다. 그래서 지금부터는 세계 복음화가 어느 정도 진행되었는가를 살펴보고, '미전도 종족'은 누구이고, 미전도 종족을 복음화 하기 위해서는 센더들이 무엇을 해야 하는 가를 알아보도록 하자.

### 세계 선교의 남은 과제

2021년 세계의 인구는 78억여명이며 현재 17,406종족으로 나뉘어져 있다. 이 가운데 복음이 아직 전해지지 않은 종족(미전도 종족)은 7,401종족이며 인구는 32억(41.8%) 정도로 보고 있다.[36] 우리는 아직 복음을 듣지 못했거나 자체적으로 복음을 전할 능력이 없으며, 함께 믿음을 나눌 수 있는 그리스도의 공동체가 없는 곳으로 우리의 역량을 집중하며 나아가야 할 것이다.

"모든 사람이 한 번만이라도 복음을 들어봐야 한다
하나님의 구원하시는 은혜에 대해 한 번이라도 들어야 할 권리가 있다."
조지 바우어 - OM선교회 설립자

종족이란 동일한 문화, 언어, 풍습을 가진 사람들의 집단을 의미한다. 언어, 종교, 인종, 거주지, 직업, 사회, 상황이 공유되며 복합적으로 유사성을 가지면서 연결된 사람들의 집단이다. 미전도 종족은 자신의 종족 집단에게 복음을 전할 수 있는 그리스도인들의 토착 공동체가 없는 종족 집단을 말하며, 일반적으로 개신교 인구가 2% 미만인 경우를 말한다. 선교 초기에는 나라 개념으로 많이 인식하였으나 그 이후 차츰 종족별로 선교의 접근이 이루어져야 한다는 관점이 확산되었다. 예를 들어, 중국은 13억의 한족(전체인구의 92%)과 소수 민족들(55개)로 이루어져 있으며 그 중에 그리스도인은 1억 명 정도로 추정되어 있고 그 중에 대부분이 한족이다. 다시 말해 중국에는 1억 명이나 되는 많은 그리스도인들이 있지만 그들 대부분은 한족이고, 회족이나 위구르 그리고 티벳 종족과 같은 많은 소수 민족들에서는 복음화의 비율이 0.1% 미만으로 미전도 종족인 것이다.

이것을 세계 복음화의 관점에서 적용해 본다면, 중국의 한족들이 복음화가 많이 되었다고 하나 중국 내에 있는 미전도 종족인 소수 민족들

...
36  Joshua project, https://joshuaproject.net

까지 복음이 전해졌다고 볼 수 없다. 그들은 언어가 다르고 문화가 다르기 때문에 한족에서 회족이나 티벳 족속에게 복음이 전해지기 위해서는 타문화적 선교 접근이 필요하다. 이러한 상황을 고려해 볼 때, 중국을 하나의 선교지로 생각한다면 선교 방향과 정책에 있어서 오류를 만들어 낼 수 있다. 그러나 종족별로 생각한다면 한족에서는 복음 증거보다는 선교 동원에 집중하고, 소수 민족들 안에서 복음화를 진행하면 효율적으로 세계 복음화를 이룰 수 있게 된다.

### 왜 미전도 종족선교인가?[37]

주님은 세계 복음화의 기본 단위를 종족 단위로 생각하셨다(마28:19, 24:14). 우리 말로는 '족속', '민족', 혹은 '나라' 등으로 표현 되어있지만 헬라어로는 에쓰노스(ἔθνος)라는 한 단어로 사용하여 말씀하신다. 이것은 영어의 ethnic이라는 단어의 어원으로, 인종 언어학적인 종족 그룹(ethno- linguistic people group)을 지칭하는 말이다. 즉, 예수님께서 지상 명령으로 세계 복음화의 사명을 제자들에게 주셨을 때는 종족 단위로 모든 민족에게 복음이 증거되도록 말씀하신 것으로 이해할 수 있겠다. 또한 '복음의 확산'이라는 측면에서도 한 나라 안에는 언어와 문화가 완전히 다른 수많은 종족들이 존재하는 경우가 많기 때문에 우리는 종족 선교의 전략에서 복음화를 이루어 갈 필요가 있다. 이렇게 종족

• • •

37  이 단락은 제이슨 맨드릭, 패트릭 존스톤, 『세계기도정보』, 죠이선교회 출판부(2011), WEC국제선교회 세계기도정보 실장을 역임한 패트릭 존스톤 선교사의 발제를 요약 정리한 것이다.

중심의 선교적 개념에서 볼 때 심각한 선교사 배치의 불균형의 문제를 좀 더 효율적으로 조율할 수 있을 것이다. 이러한 모든 점들을 고려했을 때 선교학자들은 21세기 선교의 남은 과제는 미전도 종족 복음화라고 이야기하고 있다.

### 전방 개척 선교

세계 복음화의 성경적 개념이 종족 단위라는 전제 하에서, 타문화권 선교사는 가능한 한 미전도 지역으로 나가야만 세계 복음화를 속히 이룰 수 있다. 전방 개척 선교란 미전도 종족을 선교의 최전방으로 인식하여 개척자의 정신을 가지고 보다 적극적으로 '자생적인 교회 공동체'를 세워 나가는 것을 의미한다. 이런 자생적인 교회 공동체 형성을 위해서는 타문화권 전도와 교회 개척(Evangelism and Church Planting)과 더불어 문맹 퇴치와 성경 번역 사역(Literacy and Translation), 구제와 개발 사역(Relief and Development), 학교나 병원 등의 긍휼 사역과 같은 다양한 형태로 은사와 경험을 살려서 시행하는 것이 필요하다.

## 남은 과제에 대한 센더의 책무

### 종족선교의 개념 이해

세계 선교의 남은 과제를 완성하기 위한 종족의 의미와 개념을 생각해 보았다. 센더들도 이제는 마지막 남은 과제로써 미전도 종족 선교에 초점을 맞추는 선교를 해야 할 것이다. 여기서는 미전도 종족 선교를 위해 센더는 어떤 방법으로 동참할 수 있는가에 대해 몇 가지 제안을 해 보겠다.

### 하나님께서 나와 가정, 우리 교회에게 맡겨 주시는 종족 연구 (Research)

고어에게는 하나님께서 맡기신 나라와 종족이 있다. 그 나라와 종족을 찾기까지는 많은 시간과 인내가 필요하고, 말씀과 기도 그리고 자신의 은사와 경험들을 통하여 맡기신 종족으로 인도하심을 받는다. 이와 같이 하나님은 센더에게도 세계 복음화를 위해 미전도 종족을 맡기신다. 하나님이 센더인 나와 가정, 우리 교회에게 맡기신 종족과 나라는 어디인지 말씀을 묵상하고 기도하며 찾아보도록 하자.

세계기도정보와 미전도 종족 등의 기도책자와 인터넷정보 또는 어플리케이션[38] 을 통해 미전도 종족에 대한 정보를 얻을 수 있다. 이 정보를 바탕으로 하나님께서 본인과 공동체에게 맡기신 미전도 종족을 위해 기도하며 보다 구체적인 방법으로 그 미전도 종족선교에 동참할 수 있다.

### 그 종족에 파송된 선교사와의 동역

특정한 미전도 종족을 입양한 센더는 그 곳에 파송된 선교사와 동역할 수 있는 방법을 찾아본다. 일반적으로 책이나 인터넷으로도 그 종족에 대해 알아볼 수 있지만 현지에서 사역하는 선교사와의 만남을 통해 그 곳의 영적 상황이나 하나님의 하시는 일들을 직접적으로 들을 수 있는 기회가 될 수 있다. 또한 선교사와의 동역은 우리가 직접 그 지역에 가서 사역을 하지 않더라도 센더로서 선교사와 함께 하나님께서 맡겨 주신 종족을 지혜롭고 기쁘게 섬길 수 있는 방법이 된다.

### 입양 종족을 위한 중보기도

중보기도를 통해 센더는 그 종족을 향한 하나님의 마음을 깨닫게 되며 개인적인 영적전쟁을 넘어 하나님의 우주적인 영적전쟁에 동참하는 것이다. 이러한 중보기도를 통해 센더는 주님과 연합하여 영적으로 성장하는 열매들을 얻게 된다.[39]

### 입양 종족을 위한 동원

맡겨 주신 종족을 위해 헌신할 때 하나님께서는 우리에게 필요한 동역자들을 붙여 주신다. 센더는 미전도 종족선교를 통한 경험과 은혜를 공동체와 나누며 더 많은 센더나 고어를 동원할 수 있다. 그 때를 대비해 그 종족을 소개하고, 그 종족에서 할 수 있는 일들을 설명하며 다른 사람들을 어떻게 도전할 것인가를 늘 연구하고 생각해 두어야 할 것이다.

•••

**38**  제이슨 맨드릭, 패트릭 존스톤, 「세계기도정보」, 죠이선교회, 2011, http://www.opera tionworld.org 또는 '미전도 종족을 위한 기도' 한글판 어플리케이션을 통해 매일 한 종족씩 기도할 수 있다.

**39**  제3강 센더와 영적전쟁과 제6강 센더의 역할과 실천에서 이 부분에 대해 좀 더 자세히 다룰 것이다.

선교는 하나님으로부터 시작되었고, 하나님께서 진행하고 계시며, 하나님에 의해서 완성된다. 앞에서 살펴본 바와 같이 하나님은 세계선교를 위해서 고어와 함께 센더들도 사용하셨다. 역사 속 센더들의 영적인 최대 관심사는 오직 주님 한 분만을 열망하고 그 분의 목적에 우선 순위를 두었던 삶이었다. 우리도 역사 속의 센더들을 기억하며 삶의 우선순위와 영적인 관심사를 바로 세우는 영적 각성이 필요하다. 주님이 친히 우리를 다스리도록 날마다 그 분을 바라보고, 먼저 그의 나라가 우리 안에 임하게 될 때, 우리도 새로운 부흥을 경험하게 될 것이다. 그 결과, 우리 또한 선교 역사 속 센더의 한 사람으로 성령을 따라 함께 할 수 있게 된다.

> 역사 속 센더들의 영적인 최대 관심사는
> 오직 주님 한 분만을 열망하고
> 그 분의 목적에 우선순위를 두었던 삶이었다

이제 세계 선교의 마지막 남은 과제를 위해서 또 다른 역사속의 센더들이 일어나야 할 것이다.

**소그룹 나눔**

역사 속의 센더 이야기 중 나에게 가장 감동이 되는 센더는 누구이며,
어떤 부분이 감동과 도전이 되었는가?

우리 교회 또는 내 주변에도 평범한 신앙인인 것 같으나 훌륭한 센더로서
살아가는 성도들이 있을 것이다. 그런 센더들을 생각해 보자. 그들로부터
배울 점은 무엇이 있는가?

나에게 마음을 주신 미전도 종족이 있는가?
왜 그런 마음을 갖게 되었는가?

# 센더가 치르는 영적전쟁

우리의 씨름은 혈과 육을 상대하는 것이 아니요
통치자들과 권세들과 이 어둠의 세상 주관자들과
하늘에 있는 악의 영들을 상대함이라 에베소서 6:12

영적전쟁[40]을 바로 이해하고 준비하는 것은 '그리스도의 좋은 군사로'(딤후2:3) 서기 위함이다. 이것은 특히 선교사명을 수행하는 전후방의 그리스도의 군사들에게 필수적으로 구비되어야 할 주요과제이다. 엄격히 말해 영적으로 나눌 수 있는 전방과 후방은 없다. 우리가 살고 있는 삶의 영역 전체가 그리스도인들에게는 영적전쟁터이다. 즉, 가는 고어이든, 보내는 센더이든 그리스도인들은 영적전쟁의 한가운데 놓여있다. 센더스쿨에서는 이런 역할을 수행함에 있어 어떤 영적도전들이 있고, 어떠한 자세로 대처해 나가야 하는지를 살펴보려고 한다. 어떤 그리스도인들은 영적전쟁에 관해 별로 관심을 두지도 않고 이해하려 하지도 않는다. 또는 영적전쟁이란 특별한 은사를 받았거나 어

...

40  성경에 '영적전쟁(Spiritual Warfare)'이라는 단어는 등장하지 않는다. 심지어는 이를 신비적으로 사용하거나 특정한 부류의 사역의 형태를 위해 사용함으로 여러 오해를 불러일으키기도 한다. 성경에서 사도 바울은 그리스도인의 삶을 '우리의 씨름이 혈과 육을 상대하는 것이 아니라 통치자들과 권세들과 이 어둠의 세상 주관자들과 하늘에 있는 악의 영들을 상대함이라'(엡6:12)고 했다. 여기서는 '마귀의 간계를 대적하기 위하여'(엡6:11), '그리스도의 좋은 병사'(딤후2:3) 와 같은 성경의 개념을 토대로 그리스도인의 삶은 영적인 씨름, 즉 전투 속에 있음을 뜻하는 의미로 '영적전쟁' 이라는 단어를 사용했다.

41  본 훼퍼, https://juicyecumenism.com/2017/05/22/7-dietrich-bonhoeffer-quotes-costly-discipleship/

떤 특수한 임무를 가진 사람만이 하는 것이라고 생각한다. 그러나 영적 전쟁은 예수 그리스도를 구주로 영접한 모든 그리스도인들에게 피할 수 없는 보이지 않는 전쟁이며, 원하든 원치 않든 그리스도인들의 모든 삶의 영역 속에서 경험하게 된다.

> 영적전쟁은 예수 그리스도를 구주로 영접한
> 모든 그리스도인들에게 피할 수 없는 보이지 않는 전쟁이다.

영적전쟁에 있어서 훈련되지 않은 군사는 승리를 맛볼 수 없다. 세상에서도 군사는 훈련소를 거치지 않으면 이등병 계급장도 달지 못한다. 그리스도의 군사들 역시 훈련이 필요하다. 강의를 듣고 책을 읽는 이론적인 훈련도 있지만 성령께서는 그리스도인들을 매일의 삶과 사역에서 실제적이고 영적인 훈련을 통해 더욱 강하게 만드시고 승리의 삶을 살도록 이끌어 가신다.

영적전쟁에는 수고와 고난이 따른다. 이와같이 '대가를 치르는 제자도(Costly Discipleship)'라는 말은 책상에서 이론적으로 어떤 과정을 이수하여 되는 제자가 아니라, 복음을 전하며 말씀을 따라 살아가기 위해서 수고와 고난을 기꺼이 받아들이는 제자들의 태도를 의미한다. 많은 그리스도인들이 은혜와 복은 사모하지만, 수고하고 고난 받는 것은 그리 좋아하지 않는다. 그러나 주님께서 나를 위해 고난을 당하셨음을 믿는 그리스도인이라면 주님과 복음을 위해 수고하고 고난을 당하는 것이 마땅하다고 여긴다. WEC국제선교회는 믿음, 거룩, 희생, 교제의 4가지 핵심 가치를 가지고 있다. 그 중에 '희생(Costly Sacrifice)'에 대하여 다음과 같은 고백을 한다.

> "우리는 기꺼이 모든 위험을 감수하며, 개인적인 안락이나 욕구,
> 경제적인 안정, 또는 현시대의 사고방식과 생활수준을 따르는 것보다
> 하나님의 뜻을 우선시하고 복음을 위해 멸시를 받을 준비가
> 되어있음을 뜻하는 제자된 삶의 방식을 받아들인다" [42]

이는 선교사만이 아니라 모든 그리스도인들이 함께 고백해야 할 가치이며 영적전쟁에서 승리를 경험하는 강력한 힘이 된다.

### 영적전쟁은 우리의 삶과 사역에 어떤 의미를 가지는가?

우리 그리스도인들은 교회를 중심으로 예배, 말씀, 기도, 봉사, 교제, 전도를 통해 영적인 성장과 성숙을 이루어 나간다. 그런데 의외로 영적 전쟁이 그리스도인의 신앙과 삶에 어떤 의미가 있는지를 생각하지 못하는 경우도 있다. 그러나 영적인 성장과 성숙에 있어서 지속적으로 훼방

• • •

42  WEC 국제 선교회, 「원리와 실천요강(Principles & Practice of WEC International)」, 2011, p12

하는 세력이 있다는 것을 간과하지 말아야 한다. 그리스도인들이 교회라는 울타리 밖으로 나오면 세상 속에서 영적으로 무력해지는 경우를 볼 수 있는데, 그 이유는 세상의 권세를 잡고 있는 악한 영들에 대한 둔감함과 그에 대한 구체적인 대비를 하지 않았기 때문이다. 특히 전도와 선교라는 사명을 수행함에 있어서 영적으로 무장되지 않으면 이는 아무런 훈련 없이, 무기도 없이 전쟁터에 나가는 군사와도 같다고 하겠다.

영적전쟁의 의미를 이해하기 위해 우리는 먼저 첫 선교사로 이 땅에 보냄을 받으신 예수 그리스도의 영적전쟁에 대해 살펴볼 필요가 있다. 예수 그리스도께서는 우리의 영적전쟁 대상인 사단의 권세를 멸하려 이 땅에 오셨다고 성경은 가르쳐 준다.

죄를 짓는 자는 마귀에게 속하나니 마귀는 처음부터 범죄함이라.
하나님의 아들이 나타나신 것은 마귀의 일을 멸하려 하심이라 요일 3:8

'마귀의 일' 이란 인간을 죄 짓게 만들고, 그 죄인들 위에 군림하며, 죽음과 심판에 이를 수밖에 없는 존재가 되도록 이끄는 것이다. 성경은 예수님이 오신 목적에 대해 이렇게 말하고 있다.

도둑이 오는 것은 도둑질하고 죽이고 멸망시키려는 것뿐이요 내가 온 것은 양으로 생명을 얻게 하고 더 풍성히 얻게 하려는 것이라 요 10:10

… 죽음을 통하여 죽음의 세력을 잡은 자 곧 마귀를 멸하시며 또
죽기를 무서워하므로 한평생 매어 종 노릇 하는 모든 자들을 놓아 주려
하심이니 히 2:14,15

예수님은 십자가에 죽으시고 부활하심으로써 죄와 사망의 권세를 잡
은 마귀를 무장 해제하시고, 죄와 죽음과 마귀의 종 노릇 하던 모든 자
들을 구출해 내셨다. 그리고 그들을 마귀의 영토에서 하나님의 나라, 하
나님의 영토로 옮기셨다. 이것이 예수 그리스도의 구원의 사역이며, 예
수님이 이미 승리하신 영적전쟁의 결과이다. 그러면 예수 그리스도를
믿고 따르는 우리가 선교적 삶을 살아가는 현장에서 겪는 영적전쟁, 그
리고 그 의미는 무엇인가? 예수님께서는 그 분 자신이 승리하셨을 뿐 아
니라, 그를 믿고 따르는 모든 주의 백성들을 도우시고 마귀의 권세로부
터 이기게 하신다고 말씀하신다.

자녀들아 너희는 하나님께 속하였고 또 그들을 이기었나니 이는 너희
안에 계신 이가 세상에 있는 자보다 크심이라 요일 4:4

이 말씀 속에는 우리의 정체성이 분명히 드러나 있다. 첫째, 1강에서
언급했듯이 우리는 하나님의 자녀이다. 하나님의 생명으로 거듭난 자들
이다. 하나님의 생명을 가진 자 외에는 결코 승리자가 될 수 없다. 우리
가 하나님의 자녀가 되었다는 사실 자체가 승리했다는 증거가 되는 것
이다. 둘째, 우리는 하나님께 속한 자들이다. 즉 하나님 나라, 하나님의

소유된 백성이며 하나님 편에 서 있는 자들이다. 세상 사람들과는 구별된 거룩한 백성일 때 우리는 승리자가 될 수 있다. 셋째, 우리 안에 계신 분은 세상을 지배하는 자보다 더 큰 분이시다. 즉 사단의 권세를 꺾으신 승리자가 우리 안에 계시기 때문에 우리는 이미 승리자라고 말씀하신다. 이러한 믿음과 고백을 가진 자들은 영적전쟁을 두려워할 필요가 없는 것이다.

> 세상 사람들과는 구별된 거룩한 백성일 때
> 우리는 영적전쟁의 승리자가 될 수 있다.

이러한 믿음의 고백과 함께 주의 군사들은 영적전쟁에 투입되고, 그들이 성령을 의지하여 적의 진영에 뛰어들어가 마귀의 권세에 묶여 있는 사람들을 구출해 내는 현장은 바로 전도의 현장이요 선교의 현장이 된다. 그러므로 타문화권만이 아니라 내가 살고 있는 모든 곳이 선교지이며 영적전쟁터라고 할 수 있다. 다만 차이가 있다면 센터로서 한국에 있는 군사들은 동일한 문화권, 동일한 언어권, 익숙한 환경 속에서 전쟁을 치르지만, 고어는 낯선 문화권, 생소한 언어, 열악하고 익숙하지 못한 환경, 종교의 자유가 없는 지역, 영적으로 매우 어두운 지역에 파병된 군사들이라 할 것이다. 그러므로 센터인 우리 모두는 스스로가 직면한 이 세상의 공격에 맞서 싸우는 동시에 타문화권에서 영적전쟁을 직면하고 있는 고어를 이해하고 돌보는 자세가 필요할 것이다.

## 영적전쟁에서 싸움의 대상은 누구인가?

> 우리의 씨름은 혈과 육을 상대하는 것이 아니요 통치자들과
> 권세들과 이 어둠의 세상 주관자들과 하늘에 있는 악의 영들을
> 상대함이라 엡 6:12

영적전쟁의 대상은 사람이 아니다. 인간의 죄와 사망의 권세를 쥐고 군림하고 있는 마귀와 죄악된 세상을 주관하는 악한 영들이다. 그리스도인들은 사단과 악한 영들의 실재를 분명하게 인식하고 있어야 한다.

> 근신하라 깨어라 너희 대적 마귀가 우는 사자 같이 두루 다니며 삼킬
> 자를 찾나니 너희는 믿음을 굳건하게 하여 그를 대적하라 벧전 5:8-9

여러 성경 구절에서 '근신하라, 깨어라, 정신을 차려라, 기도하라'고 경고한다. 영적인 레이더가 작동하지 않은 상태에서는 사단의 공격을 감지할 수도 없고 대적할 수도 없다. 마귀는 우는 사자같이 삼킬 자를 찾는다. 그들은 매우 강하고 간교하고 거짓되며 악랄하다. 그러나 우리는 그들을 두려워하지 말고 대적해야 한다.

• • •

**43** 이만홍, 「아스피린과 기도」, 두란노 서원(1991), p61~69 참조.

## 영적전쟁은 어떻게 나타나는가?

사단의 공격은 두 가지 형태, 즉 직접공격과 간접공격으로 나타난다.

직접공격이란 악한 영들의 실체가 사람에게 직접 역사하는 경우이다. 예를 들어 귀신 들림(신접), 귀신 눌림, 환청, 환시 등의 현상으로 나타난다(물론 정신과적인 질병과는 잘 구별되어야 한다).[43] 한 사람의 인격 속에 둘, 셋, 혹은 그 이상의 많은 귀신들이 들어간 경우도 있다. 거라사 지방의 군대 귀신 들렸던 사람도 이런 경우에 속한다. 또한 의학적으로 다양한 정신 질환 중에서 많은 경우는 영적인 문제와 직간접적으로 연결되어 있다. 예수님께서는 '기도 외에 다른 것으로는 이런 유가 나갈 수 없느니라'(막9:29)고 말씀하셨으며 복음을 믿고 받아들이는 자들에게는 귀신을 쫓아내는 권능을 주신다(막16:17)고 하셨다.

사단의 간접공격은 보다 지능적이며 조직적으로 위장되어 우리에게 다가온다. 즉, 정치적, 종교적, 문화적으로 혹은 생활 여건과 환경을 통해 공격해 온다. 사단의 역사와 영향력 아래 있으면서도 실제 그것이 사단의 역사라고 인식하는 사람은 많지 않다. 그러나 이 세상의 권세자로 사람들을 미혹하며 타락시키는 사단은 우리의 삶 깊숙이 악한 영향을 미친다.

첫째, 사단은 정치적인 권력의 모습으로 다가온다. 역사적으로 보아도 교회를 박해하던 정치적 세력은 얼마든지 있다. 로마제국, 소비에트

연방이나 중국 공산주의, 북한과 같은 독재국가 등 반기독교적 이데올로기를 가진 국가들은 국가의 공권력을 동원하여 기독교를 박해하였다. 국가의 법과 권력에 의해 불이익을 당하고 처벌을 받을 때에도 그 배후에는 세상을 통치하는 사단의 세력이 있음을 간과하지 말아야 한다.

둘째, 사단은 종교적 권력을 가지고 세상의 많은 사람들을 거짓에 사로잡히게 하며, 기독교를 박해하거나 거부하는 세력으로 나타난다. 이슬람 국가들은 대부분 국가법보다 이슬람의 샤리아법을 그 위에 두어 종교법으로 기독교를 박해하며 견제하고 있다. 그 외에도 불교, 힌두교, 신도(神道), 샤머니즘, 토속종교 등을 통해서 많은 사람들을 미혹하여 하나님을 알지 못하게 하며 기독교를 왜곡한 사이비, 이단 단체들이 성경적이지 않은 교리를 통해 사람들을 진리의 길에서 멀어지게 한다.

셋째, 사단은 문화적 옷을 입고 다가온다. 사람들은 그것을 현대의 문화라고 이해할 뿐 영적인 공격이라고 인식하지는 않는다. 이 공격은 사회관계망(SNS, Social Media)을 통해, 음악, 미술, 영화, 연극, 게임, 예술이나 오락 등으로 또는 술, 담배, 마약, 성(Sex)을 이용하여 우리 사회를 영적으로, 인격적으로 타락시키는 위장된 사단의 세력이라 할 수 있다. 과도한 인터넷 사용이나 문화 활동으로 성경과 하나님을 생각하는 것에서부터 멀어지게 만드는 것이 사단의 전략 중의 하나이다.

넷째, 사단은 인간의 모든 생활 여건과 환경을 통해 침투해 들어온다. 풍부한 생활 여건과 환경을 통해서도, 또는 열악한 생활 환경과 여건을 통해서도 사단은 여러 가지 모양으로 영적인 공격을 쉬지 않는다. 특별히 돈(맘몬, Mammon)을 최우선시하는 물질주의(Materialism)는 영적전쟁에서 사단의 강력한 무기가 되기도 한다.

사단의 공격들은 다양한 모습의 정치 체제, 종교와 문화, 그리고 여러 생활 여건과 환경 속에서 살아가며 복음을 전하는 이들에게 더욱 교묘한 방법과 다양한 방식으로 나타난다.

육신을 가진 우리는 항상 우리를 둘러싼 외부 여건과 환경으로 인해 흔들리고 영향을 받기 쉽다. 사단은 우리의 연약함을 잘 간파하고 있기 때문에 이러한 주변 환경을 이용하여 우리를 넘어지게 한다. 하지만 사도 바울은 이런 믿음의 고백을 한다.

나는 비천에 처할 줄도 알고 풍부에 처할 줄도 알아 모든 일 곧 배부름과 배고픔과 풍부와 궁핍에도 처할 줄 아는 일체의 비결을 배웠노라 내게 능력 주시는 자 안에서 내가 모든 것을 할 수 있느니라 빌 4:12,13

이러한 사단의 공격들은 다양한 모습의 정치 체제, 종교와 문화, 그리고 여러 생활 여건과 환경 속에서 살아가며 복음을 전하는 이들에게 더욱 교묘한 방법과 다양한 방식으로 나타난다.

사단은 자신의 영역을 침범하는 자들을 결코 그냥 바라보고만 있지 않는다. 모든 어려운 환경과 여건 자체가 사단의 계략이라고 말하기는 어렵다. 그것은 그저 우리가 살아가는 현실이며, 어디를 가나 크고 작은 어려움은 있기 마련이다. 그러나 사단은 고어의 환경에서 틈을 타 마음을 흔들기도 하고 실족시키기도 한다. 사도 바울은 그의 선교 여행이 얼마나 어렵고 힘들었는지에 대해 고린도 교회에 이렇게 편지했다.

> 여러 번 여행하면서 강의 위험과 강도의 위험과 동족의 위험과
> 이방인의 위험과 시내의 위험과 광야의 위험과 바다의 위험과 거짓
> 형제 중의 위험을 당하고 고후 11:26

### 도둑과 강도의 위험

타문화권에서 선교사가 흔히 겪는 어려운 점 중의 하나가 도둑이나 소매치기, 강도 사건들이다. 특별히 무장 강도에 의해 위협당한 경우에는 그 후유증(Trauma)이 매우 커서 사역과 생활 유지가 상당히 어려워진다. 어떤 경우에는 이로 인해 선교지를 떠나기도 한다.

### 이동(교통사고)의 위험

일반적으로 선교사가 가장 많이 상해를 입는 것 중의 하나가 교통사고라고 한다. 후진국이나 개발 도상 국가의 열악한 교통 환경으로 신호

등, 건널목, 차선 등이 없는 경우도 많고, 도로 상태가 좋지 않고 안전 벨트가 없는 차량이 대부분이기 때문이다. 많은 경우는 아니지만 항공 사고 역시 유의할 문제라 할 수 있다.

### 신체적, 정신적 질병

대부분의 선교사는 열악하고 오염된 환경, 익숙하지 않은 기후 가운데 생활하고 있기 때문에 질병에 노출되기 쉽다. 특히 열대 지방에서는 말라리아, 뎅기열, 장티푸스에 시달리고, 오염된 물, 비위생적인 먹거리 등으로 피부병이나 기생충으로 고생하기도 한다. 추위가 극심한 나라에서는 땔감의 부족으로 난로에 플라스틱이나 오염 물질을 마구 넣어 태우기 때문에 호흡기 질병으로 고통을 당하기도 한다. 게다가 열악한 의료시설, 의료혜택의 부재는 선교사의 큰 심적 부담이 아닐 수 없다. 이러한 생활 환경이 장기화되면 만성두통과 피로감, 고혈압, 간질환, 신장병과 같은 질병이 발생하기 쉽고 자가면역 질환이 생길 수 있어 각종 암에 걸리는 일도 늘어나고 있다. 어떤 경우에는 자녀들이 현지 학교에 다니면서 따돌림과 구타, 신체적, 언어적 혹은 정서적 학대를 경험하기도 하며 부모와의 분리, 잦은 주거 이동 등으로 정서불안과 우울증을 겪는 사례들도 나타난다.

### 테러의 위험

이슬람 국가, 사회주의 국가, 또는 치안이 열악한 지역에서 사역하는 선교사는 협박, 납치, 구금, 살해, 성추행 등의 위험을 겪을 수 있다. 특정 국가에서는 이러한 일들이 실제적으로 발생하여 선교 사역이 중단되는 사례도 있다. 또한 여성 선교사나 선교사의 자녀들은 성폭력의 위험에 노출되기도 한다.

### 감시와 추방, 뇌물, 사기 등의 위험

선교사가 자유롭게 드나들고, 거주할 수 있는 지역은 많지 않다. 최근 들어 선교를 금지하는 국가들이 점점 증가하고 있다. 특히 '창의적 접근지역'에서는 경찰이나 보안 요원들의 감시를 받아야 한다. 입국 금지나 추방령을 받는 경우도 늘어나고 있다. 또는 외국인들에 대한 법적인 차별이나 뇌물 등을 요구하는 경우도 종종 있다.

### 자연 재해, 내전 등의 위험

지진, 홍수, 쓰나미, 산사태와 같은 예상하지 못한 자연 재해를 겪거나 내전으로 인해 그 지역 주민들과 함께 피해를 보는 경우들도 많다. 어떤 선교사의 가정은 내전으로 인해 현지에서 장기간 도피해 있어야

---

**44** 창의적 접근지역(創意的 接近地域)이란, 지혜와 인내로써 접근하여 복음을 전해야 하는, 기독교를 적대시하는 지역을 가리키는 선교 용어이다. 이런 곳은 기독교는 거부하지만 그 지역 또는 자국의 발전에 필요한 기술이나 인력을 환영하기 때문에 창의적인 접근법을 통해 복음을 전해야 한다. 공산 · 사회주의 국가, 배타적인 민족주의 국가 혹은 이슬람 근본주의 국가 등이 그 대상이다. [네이버 지식백과] 창의적 접근지역(가스펠 서브, 「교회용어사전 : 교회 일상」, 2013, 생명의 말씀사)

**45** 아잔: 이슬람교에서 신도에게 예배시간을 알리는 소리. 매일 5차례 일정한 시각이 되면 담당 무슬림이 종탑 위에 올라가 성도(聖都) 메카를 향하여 기립하여 소리높이 외친다. https://search.naver.com/search.

했고, 위험 속에서 출국하지 못해 큰 어려움을 겪기도 했다. 이러한 위험을 경험한 선교사는 외상 후 스트레스 증후군으로 적절한 도움이 필요하다.

## 종교적, 영적 도전

타문화권, 타종교권에서 생활하기 때문에 영적인 스트레스를 많이 받을 수밖에 없다. 예를 들면, 이슬람권에서 힘든 것 중의 하나는 하루 5회씩 확성기를 통해 울리는 아잔 소리이다. 새벽 동트기 전부터 들리는 아잔 소리에 숙면할 수 없다는 호소들을 많이 한다. 또 라마단 금식 기간은 항상 긴장하며 조심해야 한다. 힌두교권과 불교권의 각종 종교적 축제와 행사들은 선교사들에게 큰 영적 도전과 긴장감을 갖게 한다.

> 센더는 고어가 받는 여러 가지 어려움과 영적 도전들을 이해하고
> 적극적인 보살핌과 관심, 기도를 통해
> 그가 힘을 얻고 회복할 수 있도록 격려해 주어야 한다.

앞에 언급한 열악하고 위험한 환경과 여건들 모두가 사단이 주는 도전은 아닐 수 있다. 그러나 사단은 언제나 그러한 환경을 기회로 삼아 선교사들의 의욕을 상실하게 하며, 실패감과 낙심, 절망감을 주어 사역을 포기하도록 만든다. 많은 선교사들이 이러한 도전 앞에 스트레스와 두려움, 외로움, 낙심, 우울증 등을 겪을 수 있고, 더 심하면 영적 침체와 탈진으로 이어질 수도 있다. 나아가 공황장애, 피해망상과 같은 정신 질

환을 얻을 수도 있으며 주변 사람과의 심각한 갈등 관계로 이어질 수도 있다. 이러한 악영향은 선교사 개인이나 그의 가정에 그치는 것이 아니라 그가 속한 공동체 모두에게 영향을 줄 수도 있어 사역지를 옮기거나 아예 사역 현장을 떠나는 사례도 나타난다.

## 센더가 겪는 영적전쟁과 그 실제는 어떠한가?

지금까지 우리는 고어인 선교사들이 사역지에서 겪는 여러 가지 영적 도전들에 대해 살펴보았다.

> 또 내가 네게 이르노니 너는 베드로라 내가 이 반석 위에 내 교회를 세우리니 음부의 권세가 이기지 못하리라 마 16:18

위의 말씀을 통해 우리는 주님이 세우시는 교회에 음부의 권세의 공격이 있음을 알 수 있다. 그럼에도 불구하고 주님은 교회가 음부의 권세에 승리를 내어주지 않을 것이라 말씀하신다. 그러므로 센더로서 부름을 받은 우리 모두는 당연히 영적전쟁의 한 가운데 있음을 의미한다. 교회 공동체와 각 지체인 개인이 센더로서의 부르심을 자각하면서부터 원수들은 센더의 이름을 그의 블랙리스트(Blacklist)에 올린다. 즉 센더는 원수의 공격대상이 된다. 이제 센더인 각 개인과 공동체인 교회에는 어떤 공격들이 있는지 살펴보자.

## 센더에게 영향을 주는 세상의 가치관들

우리의 사고와 신앙을 위협하는 세속적이며 인간을 절대시하는 가치관들은 인류가 타락한 이후 항상 있어 왔다. 시대를 따라, 혹은 지역에 따라 어느 정도는 다른 모습으로 나타났지만 그 근원을 살펴보면 모두 같은 뿌리에서 비롯된 것임을 알 수 있다. 무신론자들의 철학과 사상을 단순히 지적(知的)이며 이성적(理性的)인 범주로만 이해해서는 안 된다. 왜냐하면, 그들의 철학과 사상과 이념은 그들의 모든 사고와 행동과 삶을 지배하고 있기 때문이다. 어쩌면 신념, 신앙의 수준이라고 해도 과언이 아닐 수 있다. 이러한 세상의 가치와 사상들에 대하여 간단히 살펴보고자 한다.

먼저 주목할 것은 절대적 가치를 부정하고 개인과 사회에 따라, 혹은 시대에 따라 변화하는 상대적 가치만 인정하는 인본주의 사상이다. 인류는 종교나 신적 존재가 없어도 윤리적이거나 도덕적인 존재가 될 수 있음을 전제로 한다. 그러하기에 성경의 절대가치를 부정하며, 각자의 가치관이 다르므로 진리라는 이름으로 남에게 강요해서는 안 된다고 주장한다. 따라서 기독교의 구원 방식은 커다란 공격을 받게 되고 성경적인 가치관은 거부당한다.

또한 미국과 프랑스를 중심으로 일어난 사회적 운동인 '포스트모더니즘(Post-Modernism)'은 18세기 계몽주의로부터 시작된 이성 중심의 모더니즘 사고체계를 완전히 부정하며 역사, 철학, 문학, 예술, 종교,

윤리 등 모든 분야에서 기존 질서를 해체하고자 한다. 포스트모더니즘이 지닌 절대성을 부정하는 세계관은 하나님의 말씀에 대한 도전이며 기독교 가치관에 정면으로 대항하는 것으로 실제 우리 그리스도인들에게 닥친 영적인 도전이 아닐 수 없다.

21세기의 포스트모던 사회에서 어떤 이들은 '성'(性)이라는 새로운 이슈를 통해 사회, 정치적인 목적을 이루려는 시도를 하게 되었다. 이들은 일부일처제의 가족 제도와 남성 중심의 가부장 제도, 그리고 성(性)의 개념을 해체하고 재구성하는 문화 혁명 사상을 전 유럽과 미국에 파급시켰다. 이와 같은 '성해방'(性解放)에 기초한 사회 운동이 '네오마르크스주의(Neo-Marxism)'⁴이다. 이들 역시 하나님이 만드신 질서를 거부하며, 개인 문제로 간주했던 성(性) 이슈를 사회, 정치적인 이슈로 부각시켰고, 성해방(性解放)을 통하여 억압된 인간에게 해방을 줄 수 있다고 주장하며 사람들을 미혹시킨다.

마지막으로, 기독교와 다른 종교의 공존을 넘어서서 일부 신학자들이나 비교 종교학자들이 다양한 종교 간의 상대성을 인정하는 '종교 다

• • •

46  김영한(기독교 학술원장), 〈젠더 이데올로기에 대한 비판적 성찰〉, 기독일보 사이트.
http://www.christiandaily.co.kr/news /%EA%B9%80%EC%98%81%ED%95%9C-
%EA%B8%80%EA%B3%A0-%EC%A0%A0%EB%8D%94-%EC%9D%B4%EB%8D%B
0%EC%98%AC%EB%A1%9C%EA%B8%B0%EC%97%90%EB%8C%80%ED %95%9C-
%EB%B9%84%ED%8C%90%EC%A0%81-%EC%84%B1%EC%B0%B0-77966.html

이 시대의 가치관들은 우리들 안에 있는
기독교적 가치관과 더불어
선교적 열정들을 빼앗아 갈 수 있다


원주의(Religious Pluralism)' 사상이다. 이들은 하나님께 가는 길이 다양하다고 주장을 하거나 진리는 여러 가지인데 기독교가 그 중의 하나라고 주장한다.

내가 곧 길이요 진리요 생명이니 나로 말미암지 않고는 아버지께로 올 자가 없느니라 요 14:6

다른 이로써는 구원을 받을 수 없나니 천하 사람 중에 구원을 받을 만한 다른 이름을 우리에게 주신 일이 없음이라 하였더라 행 4:12

위에 언급한 몇 가지 예들은, 우리 시대의 사회적 문제와 직결되어 있다. 그 가치관들은 같은 영적 뿌리에서 나온 것이며, 그 마지막은 '성경적 세계관과 십자가'와 배치된다. 우리는 이러한 사상들에 대해 문화적 이슈나 정치적, 혹은 종교적 이슈로만 생각할 것이 아니라 그 이면에 있는 영적인 의미를 제대로 깨닫고 바로 분별해야 한다. 무엇보다도 이 시대의 가치관들은 우리들 안에 있는 기독교적 가치관과 더불어 선교적 열정들을 빼앗아 갈 수 있으며, 동시에 문명의 안락함과 이 땅의 문화에 안주하고 싶은 마음을 일으킨다. 우리는 이 세대를 분별하고 마음을 새롭게 함으로써 선교적 열정, 하나님 나라를 향한 소망을 품으며 영적으로 깨어 있어야 할 것이다.

### 개인이 겪는 영적전쟁

개인이 겪는 영적 공격은 분주함, 안락한 삶, 지나친 자녀교육이나 보장된 노후대책, 선교에 대한 오해 등의 영역에서 일어날 수 있다. 여기에서는 센더로서의 정체성을 의심하게 만드는 영적 공격의 한 부분에 대해서 살펴보고자 한다.

많은 경우, 우리는 우리가 행하는 것으로 우리 자신의 정체성을 인식하는 경우가 많다. 따라서, 센더라고 하면 일반적으로 선교 헌금도 많이 하고, 단기 선교에 참여하는 등등의 행위를 통해 자신의 정체성을 깨닫고 만족을 얻는다. 또한 센더가 오해하는 것 중에 가장 큰 것은 많은 재정이 있어야 이런 일들을 할 수 있다고 생각하는 것이다. 예를 들면, 선교사들이 귀국하면 그들을 섬기기 위해 자가용이나 숙소를 준비하거나 근사한 식사 대접, 또는 선교사 자녀들을 위한 재정적인 필요들을 채워주는 등의 일이다. 그러나 어떤 이들은 이렇게 섬기지 못하는 자신을 보면서 센더로서 위축감을 느끼기도 한다.

사단은 끊임없이 우리의 연약함을 가지고 공격한다. "넌, 재정도 넉넉하지 않은데 어떻게 센더로서 살아갈 수 있어!" 이런 속임이 우리의 마음에 울려지면 낙담이 되고 자신이 진정한 센더인가 하는 정체성에 대한 의심이 든다. 예수님께서 재물(맘몬, Mammon)[47]과 하나님을 비교(눅16장)하여 설명하실 정도로 재물은 우리 삶에 큰 영향을 준다. 그래서 센더의 주된 역할을 재정적인 것으로만 국한시키기도 한다. 이것은 사단의 속임이다. 사단은 끊임없이 이 세상의 가치기준과 생각으로 우리를 미혹하며 센더로서의 정체성에 대한 의심을 주려고 한다. 우리는 부지불식중에 세상의 이런 영향을 많이 받고 있다. 그러나 센더의 정체성은 재물이 아닌 하나님을 주인 삼는 진리의 말씀에 근거한다.

### 공동체가 겪는 영적전쟁

센더인 교회 공동체에도 영적인 공격이 있다. 선교는 센더 개인의 역할도 있지만 교회 공동체의 역할도 있다. 사도행전 13장의 최초 선교사 파송은 개인이 아닌 교회 공동체로부터 시작되었고 지금도 하나님은 교회가 이 일을 감당할 것을 원하신다. 그런데 센더인 교회 공동체가 사단의 속임으로 선교에 대한 잘못된 오해를 가지기도 한다.

● ● ●

47  셈어에서 기원한 것으로 보이는 이 말은 '부'(富), '돈', '재물', '이익'이라는 뜻을 지닌다. 예수님의 말씀 중에 나오는 이 말은 (눅16:9,11), 단순히 '재물, 부'(mammon)를 가리키기도 하고 '재물의 신'(Mammon)을 가리키기도 한다. 예수께서는 하나님과 재물(맘몬)을 겸하여 섬기지 못한다고 말씀하셨다(마6:24). 맘몬[Mammon] (가스펠서브, 「교회용어사전 : 교회 일상」, 2013, 생명의 말씀사), https://terms.naver.com/entry.nhn?docId= 2375317&cid=50762&categoryId=5136545

## "선교는 선택사항이야"[48]

성경에 나타난 주님의 마지막 대위임령은 분명하다. 마태복음 28장에서 '모든 족속으로 제자를 삼으라'(19절)고 하셨다. 그런데 이것을 순종해야 하는 주님의 명령이 아닌 권면 정도로만 생각하기도 한다. 사단은 끊임없이 선교는 선택사항이라고 접근한다. 그래서 교회의 재정적인 어려움이 생기면 가장 먼저 선교헌금을 줄이는 경우가 있다. 물론 상황적으로 이해가 될 수 있지만 선택이 아니라 필수이기에 선교가 지속되도록 교회는 깨어 있어야 한다. 그러나 어떤 경우에는 무리하게 빚을 내어 선교하는 경우도 있는데 우리는 이런 극단적인 방법도 경계해야 한다.

## "미전도 종족은 관심 밖이야"[49]

어떤 경우는 교회의 성장과 편의성[50]을 고려하여 선교지를 선정하기도 한다. 이러한 이유로 복음전도가 어렵거나 위험한 지역들, 즉 미전도 종족을 대상으로 하는 선교를 선호하지 않는 경향도 있다. 이것은 교묘한 사단의 전략이며 심각한 영적 공격이다. 요한계시록 7장에서는 모든 민족이 여호와 앞에 나아와 경배하는 것을 묘사하고 있다. 이런 관점에서 교회는 예수님의 이름조차도 들어 보지 못한 미전도 종족을 품는 선교의 방향으로 나아가야 한다.

## "선교는 특별한 사람만 하는 거야"[51]

모세와 같이 불타는 나무에서 또는 바울과 같이 다메섹의 길에서 예수님을 특별하게 만난 사람만이 선교를 한다는 분위기를 만드는 것은 사단의 전략이다. 일반적으로 성도들은 '선교 활동은 그래도 교회에서 열심 있는 사람이 해야 해' 라고 생각한다. 그런 열심 있는 몇몇 사람만이 선교를 할 수 있다고 믿게 하는 것이 사단의 속임이다.

### "잘만 하면 되지"[52]

세상의 방식(세속, 성과, 성공, 이성, 물질주의)으로 교회 안의 사역들을 운영하는 것은 성령님께서 하시는 선교의 생명력을 잃어버리게 한다. 사단은 교회 공동체의 생명력(활력-vitality)을 떨어뜨리려 한다. 이 전략은 하나님에 대한 열망이 식어지게 하며 하나님의 뜻을 희미하게 하고 세상의 가치 기준으로 선교를 바라보게 하여 개종자의 숫자나 건축을 비롯한 프로젝트식 사역으로만 치중하게 만든다. 이와 같은 성령님의 인도하심을 받지 못한 교회의 선교 사역은 사단의 주요한 공격의 대상이 될 수 있다.

### "이 정도는 되어야지"

어떤 특정한 기준을 두고 '고어는 이 정도는 검소하게 살아야지', '고

• • •

48  Jerry Rankin and Ed Stetzer, Spiritual warfare and Mission, B&H Publishing Group, 2010, Chapter7
49  Jerry Rankin and Ed Stetzer, Spiritual warfare and Mission, B&H Publishing Group, 2010, Chapter4 제2강 역사 속의 센터와 세계선교의 남은과제, '미전도 종족' 관련 부분을 참고해 보라.
50  접근성 좋은 지역, 단기 사역을 쉽게 할 수 있는 지역, 선교 유행 지역 등
51  Jerry Rankin and Ed Stetzer, Spiritual warfare and Mission, B&H Publishing Group, 2010, Chapter9
52  Ibid., Chapter11

어는 무조건…' 이라는 생각이 우리 속에 있다면 이미 원수의 공격의 대상이 된 것일 수도 있다.[53] 그렇다고 고어가 어떻게 살아도 받아들여야 한다는 것은 아니다. 센더인 우리가 어떤 부분에 있어서는 고어에게 권면할 수도 있다. 그러나 그도 한 사람의 인간이라는 사실을 잊어버려서는 안된다. 센더가 특정한 기준들로 고어의 삶을 판단하기 시작한다면 원수의 속임이 아닐까도 점검해 볼 필요가 있다. 이렇게 사단은 무너진 데(in the gap, 겔 22:30)를 막아 서서 중보자로 있어야 하는 센더를 이러한 판단의 자리에 두려 한다.

### "우리 교회가 최고지"

'우리 교회가 할 수 있어, 우리 교단만 할 수 있어, 내가 해야 해'라는 마음들이 우리 안에 있다면 이미 영적 공격 안에 있다고 할 수 있다. 하나님은 이 시대에 영웅만을 사용하시는 것은 아니다. 선교개척시기에는 하나님께서 몇몇의 영웅들을 통하여 선교를 이끄셨다면 이제는 모든 사람이 선교에 동참하기를 원하신다. 그러므로 선교 사역에 나/우리 공동체 중심의 영웅주의가 있는지를 주님 앞에서 점검해야 할 것이다. 그 분의 이름이 아닌 우리의 이름만 드러나는 선교를 한다면 그것은 센더인 교회 공동체가 받는 큰 영적인 공격이다. 하나님의 성품은 겸손이지만 사단의 속성은 교만이다.

### "선교도 유행 따라 가야지"

하나님의 인도하심과 역사에 따라 선교의 방향들을 정하는 것은 중요하다. 그러나 종종 어떤 교회들은 선교의 정책을 인간적 관계나 혹은 유행을 따라 정하는 경우도 있다. 또한 어떤 경우에는 한 선교지를 10년 정도 후원한 후, '이 정도 했으면 새로운 선교지 또는 선교사로 후원을 변경해도 되지 않겠나'라는 생각으로 다른 선교지를 찾아 나서기도 한다. 이러한 정책은 그 선교지를 향한 하나님의 뜻과는 다른 사단의 유혹일 수 있다.

위에서 언급한 것들은 개인과 공동체가 센더로서 영적전쟁의 공격에 노출되어 있다는 것을 의미한다. 이외에도 센더가 받는 공격들은 많지만 다 언급할 수는 없다.

## 어떻게 영적전쟁에서 이길 것인가?

영적전쟁을 이기는 첫째 방법은 성경적인 원리 안으로 들어가는 것이다. 마지막 시대를 사는 우리 그리스도인들은 각자의 삶의 현장에서 영적으로 '깨어 있는 것'이 중요하다. 세상 윤리의 기준이 흔들리고, 인류가 지탱해 온 기존의 보편적인 질서와 가치관이 무너지고, 진리가 외면당하고, 죄악은 점점 넘쳐나고 있다. 마지막 때가 매우 가까이 온 것 같다. 노아가 살았던 시대에 대해 성경은 '사람의 죄악이 세상에 가득함과 그의

• • •

53  제4강 선교사 이해와 멤버케어의 '멤버케어' 부분을 참고해 보라. 고어들은 슈퍼맨이 아니다.

마음으로 생각하는 모든 계획이 항상 악할 뿐임을 보시고'(창 6:5) 라고 표현했다. 세상 파도에 휩쓸려가지 않고 굳게 믿음으로 서기 위해 우리는 먼저 영적으로 민감하며, 분별력을 가져야 한다. 하나님의 말씀이 나의 가치관이 되어 내 생각을 지배하며, 나의 삶의 기준이 되어야 한다.

둘째, 기도에 힘씀으로 바른 분별력을 가지고 영적전쟁에 임할 수 있게 된다. 영적전쟁에 있어서 중요한 공격 무기는 기도일 것이다. 매 순간 보이지는 않지만 치열한 싸움이 벌어지는 삶의 터전에서 연약한 육신을 죽이며 승리할 수 있는 것은 기도로써 성령 안에 거할 때만 가능하다. 기도는 센더 한 사람을 움직이는 원동력이 될 뿐 아니라 교회가 주님의 몸으로서 건강한 역할을 할 수 있도록 돕는 영적전쟁의 중요한 무기이다. 기도하지 않는 것은 전쟁 중에 싸움을 중지하는 것과 마찬가지라 할 수 있다. 그러므로 깨어 기도함으로써 전쟁을 싸워 이기고 더 나아가 중보기도<sup>56</sup>를 통해 하나님 나라가 온전히 이루어 질 수 있도록 힘써야 한다.

이러므로 너희는 장차 올 이 모든 일을 능히 피하고 인자 앞에 서도록 항상 기도하며 깨어 있으라 하시니라 눅 21:36

셋째, 하나님의 공동체를 소중히 여기며 그 안에 내가 속해 있음을 잊지 말아야 한다. 지나친 개인적 신앙이나 개(個)교회 중심의 사고를 하다 보면 그리스도 안에서 하나되는 공동체 의식을 잃어버릴 수 있다. 하나님의 궁극적인 목적은 공동체를 통해 하나님 나라를 완성하는 데 있다. 이것을 함께 바라보고 고어와 센더가 협력하는 것이 영적전쟁을 치루는 자세이다.

넷째, 개인적으로는 거룩과 성결에 힘써야 한다. 주님과의 친밀한 교제는 성결하고 거룩함이 유지될 때 가능하다. 사단은 이것을 무너뜨리기 위해서 우리가 틈을 보일 때 공격한다. 그러므로 우리의 내면 가운데 성령의 충만함이 지속되도록 죄에 대한 참된 회개의 삶이 있어야 한다.

사랑하는 자들아 우리가 지금은 하나님의 자녀라 장래에 어떻게
될지는 아직 나타나지 아니하였으나 그가 나타나시면 우리가
그와 같을 줄을 아는 것은 그의 참모습 그대로 볼 것이기 때문이니
주를 향하여 이 소망을 가진 자마다 그의 깨끗하심과 같이 자기를
깨끗하게 하느니라 요일 3:2,3

하나님께서는 하나님의 비전을 실현하기 위해 지금도 일하신다. 하나님은 혼자 일하시지 않고 준비되고 헌신된 하나님의 자녀, 하나님의 일꾼들과 함께 일하시기를 기뻐하신다. 타문화권의 선교사들은 그 일을 위해 부름받고 환영하지 않는 곳, 익숙하지 않은 곳, 위험이 가득 차 있는 곳으로 잃어버린 영혼들을 찾아 나아간다.

센더는 고어가 영적으로 승리하여 임무를 수행할 수 있도록 함께 동역하는 자이다.

센더는 고어와 더불어 영적으로 승리하여 임무를 수행할 수 있도록 함께 동역하는 자이다. 그러나 센더 역시 안전지대에 있는 것은 아니다. 센더도 고어와 동일하게 사단의 도전을 받고 있다. 그러므로 센더 역시 고어 못지않게 영적으로 무장되어야 하며 사단의 공격과 도전에 맞서 싸워야 한다. 나아가 그리스도 안에서 하나되어 서로를 섬기고, 성령 안에서 함께 부름받은 주님의 군사로서 살아간다면 매일의 삶 속에서 영적전쟁의 승리를 누리게 될 것이다.

새롭게 깨달은 '영적전쟁'의 내용이 있다면 무엇인가?




센더로서 개인이 겪는 영적전쟁에서 자신에게 부족했던 점은 무엇이며,
어떻게 이길 수 있는가?




센더로서의 우리(교회)공동체가 겪는 영적전쟁은 무엇이며,
어떻게 이길 수 있는가?

# 센더의
## 선교사 이해와
# 멤버케어

서로 돌아보아 사랑과 선행을 격려하며 히브리서 10:24

성경에 나타난 첫 번째 센더는 성부 하나님이시다. 그는 많은 선지자들을 보내셨고 예수님과 성령님을 보내셨다. 또한 예수님의 십자가 사건을 계획하셨고, 함께 동행하시며 그의 고통을 다 아심에도 불구하고 아들을 이 땅에 보내셨다. 이러한 성부 하나님의 사랑과 열정이 센더로 살아가는 우리 모두의 마음이 되기를 원한다.

하나님이 세상을 이처럼 사랑하사 독생자를 주셨으니 이는 그를 믿는 자마다 멸망하지 않고 영생을 얻게 하려 하심이라 요 3:16

그러나 때로는 선교지 결정과 사역 방향에 대한 의견의 차이로 센더인 지역 교회와 고어의 관계가 어려워 지기도 한다. 이러한 경우, 우리는 삼위 하나님의 관계 안에서 그 해결점을 찾을 수 있다. 예수님은 제자들을 위해 이렇게 기도하셨다.

아버지여, 아버지께서 내 안에, 내가 아버지 안에 있는 것 같이 그들도 다 하나가 되어 우리 안에 있게 하사 세상으로 아버지께서 나를 보내신 것을 믿게 하옵소서 요 17:21

성부 하나님과 성자 예수님처럼 우리 또한 하나가 되어 서로 용납하며 사랑하라고 말씀하신다. 우리 안에 다름과 긴장이 느껴질 때 이 말씀을 기억하며 온전한 하나됨으로 사랑의 공동체를 이루도록 힘써야 한다. 이를 위해 센더는 고어의 상황과 환경을 잘 이해하여 그에 따른 다양한 돌봄을 실천해야 한다.[55]

> 센더가 고어의 상황과 환경을 잘 이해함으로
> 그에 따른 다양한 돌봄을 실천해야 한다.

## 선교사 멤버케어는 어떤 것인가?

일반적으로 고어인 선교사를 생각할 때 우리는 그들이 헌신되었고, 영적으로 잘 훈련된 사람들이라고 믿는다. 그래서 기도와 재정 외의 다른 필요들에 대해서는 생각하지 못하는 경우를 종종 보게 된다. 하지만 고어가 직면한 현실에는 그들 스스로 해결할 수 없는 부분들도 있기에[56] 보다 효과적인 돌봄을 위해 멤버케어에 대한 바른 이해가 필요하다.

- - -

55　브라암 빌름, 마리나 프린스, 「선교사와 사역자를 위한 멤버케어」, 이순임,
　　한국해외선교회 출판부(GMF Press, 2002), p26; 켈리 오도넬, 「선교사 멤버케어」,
　　최형근, 송복진, 엄은정, 이순임, 조은혜, 기독교문서선교회(CLC, 2004), p64 요약함.
56　제3강 센더와 영적전쟁, '고어가 겪는 영적전쟁과 그 실제'에서 보다 자세하게 설명하고
　　있다.

선교사 멤버케어는 영입부터 은퇴할 때까지 지속적으로 이루어져야 한다. 시기별로 고어가 겪는 어려움과 도전이 다르기에 그에 맞는 적절한 돌봄을 예상할 수 있어야 한다. 그러므로 멤버케어는 예방적이고 단계적이며, 전인적으로 진행되어야 한다.[57] 혹 어떤 이는 '선교는 복음을 전하고 교회를 개척하는 것임으로 선교사의 영적인 건강만 돌보면 된다'고 말한다. 그러나 고어가 복음을 나누고 교회를 개척하려면 영적인 부분만 아니라 육체적 건강, 전문적 영역의 지식, 사람과 관계 맺는 기술, 그리고 정서적 돌봄도 필요로 한다. 왜냐하면 하나님은 우리를 전인적(全人的)으로 만드셨기 때문이다.

멤버케어의 목표는 고어가 하나님의 은혜로 내적인 건강을 이루고 회복력이 있으며 효과적인 사역을 할 수 있도록 돕는 것이다. 여기서 말하는 회복력(Resilience)이란 무엇을 의미하는가? 예를 들어, 컵을 바닥에 던지면 완전히 깨어진다. 그러나 그것과는 달리 탁구공은 바닥에 던지면 튀어 오른다. 이와 같이 회복력은 다시 원래의 모습으로 되돌아 올 수 있는 힘을 의미한다. 예수님의 이름을 들어 본 적이 없는 선교지로 복음을 들고 가는 고어에게는 고난과 핍박이 따르기도 한다. 이런 고난을 만났을 때, 깨어진 유리컵과 같은 상태로 있는 것이 아니라 하나님의 은혜로 정서적, 육체적, 영적인 회복을 누리는 것이 필요하다.

## 선교사 멤버케어란?

선교사 멤버케어(Member Care)는
선교사의 효과적이고 지속 가능한 삶과 사역을 위해
적합한 자원과 기술을 계발할 수 있도록 지원하는 사역이다.

멤버케어는 선교사와 그 가족들의 다면적인 웰빙(well-being)에
관심을 가진다. 그것은 영적, 정서적, 관계적, 신체적 그리고 경제적인
측면을 모두 포함한다. 이 모든 영역에서 지속적인 훈련과 지원을 통해
선교사들이 건강한 선택을 하도록 돕는 것이다. 이것은 리더십,
물류지원, 영성 훈련, 교회생활 등과 같이 선교 활동의 필수적인
요소이다. 멤버케어는 독신 사역자, 부부, 가족과 자녀들의
필요를 고려한다. 또한 후보자의 선발부터 재입국과 은퇴, 그리고
은퇴 이후 등, 선교사 생애 주기를 통틀어 지속되어야 한다.
멤버케어의 책임은 파송단체, 파송교회, 현지교회, 본국과 현장의
리더십, 사역 팀, 가족들, 개인 후원자들, 멤버케어 담당자들,
그리고 선교사 자신에게 주어져 있다. 이를 제공하는 사람들은
지속적인 배움과 네트워킹, 그리고 자원의 활용을 통해
이 모든 영역에서 자신들의 역량을 계발하도록 힘써야 한다.[58]

• • •
**57** Compiled by Hanni Boeker, M. A., 「How to do member care well」, A WI Member care resource, 2012, p3~4
**58** 한국선교사 멤버케어 네트웍(KMCN)의 멤버케어 정의(https://kmcn.or.kr/7)의 내용을 참고함.

## 멤버케어에 대한 오해

센더가 가질 수 있는 멤버케어에 대한 몇 가지 오해[59]를 살펴보자.

첫째, "멤버케어는 고어가 약하고 어려움을 겪으며 제대로 사역할 수 없을 때에 제공하는 것이다"라는 오해이다. 이로 인해 적절한 시기를 놓친 멤버케어는 고어의 회복력을 약화시키고, 필요 이상으로 센더의 시간과 에너지를 소모시킬 수 있다. 서두에서 멤버케어는 예방적, 단계적인 측면이 있음을 언급했다. 고어의 삶에는 각 단계별로 어려움이 있는데 문제가 발생한 이후, 그것을 해결하는 것에만 초점을 두는 것이 아니라 예측하고 예방하여 고어가 건강하게 사역하도록 돕는 것이다.

둘째, "멤버케어는 고어의 손을 잡고 항상 함께 있으며 돌보아 주는 것이다"라는 오해이다. 그러나 중요한 것은 '항상' 함께 있어 주는 것이 아닌, '필요한 시기'에 함께 하는 것이다. 센더는 '필요한 시기'에 대화를 나누면서 고어가 상황을 바르게 이해하고 건강하게 반응하며 영적으로 성숙해 가도록 섬기는 것이다.

셋째, "멤버케어는 자칫 고어가 의존성을 가지게 하거나 자신의 책임을 타인에게 전가시키도록 만든다"라는 오해이다. 멤버케어는 사람에

• • •
**59**  Hanni Boeker, Op. cit., p5~6 참조

게 의존하게 하는 것이 아니라 오히려 모든 생명의 근본 되시는 하나님께 의존하도록 인도하는 것이다. 멤버케어는 사람의 도움을 넘어 회복과 필요의 공급자 되시는 하나님을 의지하며 살아가도록 돕는 것이다.

> 멤버케어는 사람의 도움을 넘어 회복과 필요의 공급자 되시는
> 하나님을 의지하며 살아가도록 돕는 것이다.

넷째, "멤버케어는 센터가 고어의 영적, 정서적, 물질적인 모든 필요를 충족시키며, 직면한 역경과 고난으로부터 고어를 전적으로 보호하는 것이다"라는 오해이다. 보호해 주고 모든 필요를 다 공급해 주는 것이 목적이 아니라 오히려 하나님의 선하심을 믿으며 고난과 역경 가운데 하나님의 뜻을 분별하도록 필요한 상담과 돌봄을 제공하여 고어가 성숙해 가도록 돕는 것이다.

다섯째, "멤버케어는 선교에 있어서 부차적인 사역이다"라는 오해이다. 선교지에서 제자양육이나 교회개척 등은 중요한 사역이다. 그러나 이 사역의 주체인 고어가 건강하지 않거나 성숙하지 않다면 하나님의 영광을 온전히 드러낼 수 없다. 따라서 고어를 돌보는 멤버케어는 선교지에서의 사역들 만큼이나 중요한 사역이라 할 수 있다.

마지막으로, "멤버케어는 고어 스스로가 감당해야 할 몫이다"라는 오

해이다. 위에서 설명한 것처럼 고어가 하나님 앞에서 자신의 삶에 대하여 책임감을 가지는 것은 마땅하다. 그럼에도 불구하고 성숙한 자기케어와 공동체 안에서 서로를 돌보는 상호케어가 요구된다. 나아가 공동체의 누군가가 책임을 가지고 멤버케어를 개발하며 사람들을 훈련시켜 멤버케어가 지속적으로 이루어지도록 시스템을 만드는 것이 필요하다.

## 멤버케어의 중요성[60]

오늘날 멤버케어가 더욱 필요한 이유는 무엇일까?

첫째, 선교지의 상황이 점점 어려워지기 때문이다. 최근 세계가 자국/자민족 중심으로의 변화와 종교적 경제적 이유로 외국인에 대한 비자 발급을 제한하는 경향이 늘어나고 있다. 또한 박해가 심화되고 있는 것도 일반적인 상황이고 복음에 대한 반대가 과거보다 공공연하게 이루어지고 있다. 이처럼 사단은 더욱 다양한 방법으로 선교를 방해하고 있다.

둘째, 이 시대에는 과거에 비해 역기능 가정의 배경에서 성장한 선교사가 나오는 경우가 많아졌다. 그러기에 그들이 선교를 준비하고 선교사로서 살아가는 과정 중에 과거의 해결되지 못한 여러 가지 내면의 상처가 어려움을 야기할 수 있다. 따라서 고어를 위한 정서적 멤버케어가

• • •

60  Ibid., p6

더욱 필요한 상황이다.

마지막으로, 이 시대의 선교지에서는 자연재해와 같은 환경적인 위기와 더불어 정치적 종교적 위기가 증가하고 있다. 이러한 위기 상황에 잘 대처하는 것은 멤버케어에 있어서 중요한 부분이다. 그러므로 센더인 교회와 파송단체는 멤버케어의 하나인 위기관리에 대해 관심을 가지고 더욱 적극적으로 배우고 실행해야 한다. 최근에는 위기관리재단 등과 같은 전문 기관들로부터 위기상황에 대한 대처방법과 관리에 도움을 받을 수 있게 되었다.

## 멤버케어의 최상의 실천 모델

ⓒ2002 Kelly O' Donnell and Dave Polock

## 멤버케어 제공자는 누구인가?[61]

멤버케어의 중심(core)에는 하나님이 계신다(주님의 케어). 어느 누구도 다른 사람의 삶을 전적으로 책임 질 수는 없다. 오직 하나님만이 가능하시다. 우리는 단지 하나님께서 주신 사랑을 나눌 뿐이다. 그러기에 우리의 한계와 위치를 알 필요가 있다.

멤버케어에서 우선적으로 중요한 영역은 자기 케어이다. 자신을 대신해 줄 수 있는 사람은 아무도 없다. 하나님의 부르심에 헌신하고 순종하는 것은 각자 스스로의 결정이다. 따라서 선교사는 자신의 삶의 모든 영역에서 건강하도록 스스로를 돌봐야 한다. 자기 케어와 함께 중요한 것은 상호 케어이다. 같은 공동체 안에 있는 지체를 서로 받아주고 돌봐주는 것, 약한 자를 섬기는 것, 이것이 상호 케어이다.

멤버케어는 파송자(교회와 파송 단체) 케어이다. 이들은 선교사를 보내는 센더로서 그를 돌보는 사명을 갖는다. 센더는 먼저 자신의 위치와 책무가 무엇인지 잘 알아야 한다. 예를 들어 선교사가 안식년으로 고국에 들어오면 신체적 건강을 위해 검진이 필요한 것처럼 센더는 디브리핑(Debriefing)[62]을 통해 고어가 자신의 삶과 사역을 돌아볼 수 있도록 도와주어야 한다. 어떤 경우에는 파송자(교회와 파송 단체) 케어를 넘어 의사나 상담가와 같은 전문가의 도움을 받아 회복할 수 있도록 도울 필요가 있다. 이를 전문가에 의해 제공되는 전문가 케어라 한다.

어느 누구도 다른 사람의 삶을 전적으로 책임질 수는 없다
오직 하나님만이 가능하시다.

마지막으로 선교사들에게 필요한 다양한 자원을 제공하는 네트워크 케어가 있다. 멤버케어 제공자들은 관계를 맺고 함께 동역하며 필요영역에 중요한 자원들을 연계하기 위해 네트워크를 만드는 일에 참여하게 된다. 네트워크 케어는 선교사에게 필요한 자원을 공급하고, 중요한 멤버케어 자원을 개발하기 위해 선교 기관, 파송 교회, 멤버케어 단체들이 연합을 형성하는 것이며, 이를 통하여 보다 효과적인 멤버케어를 할 수 있다.[63]

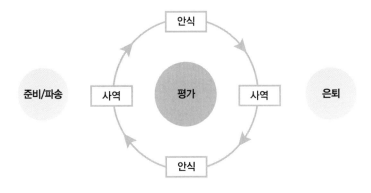

• • •

61  켈리 오도넬, op. cit., p50~56, 브라암 빌름, 마리나 프린스, op. cit., p124~125 참고 및 인용하였다.
62  디브리핑(Debriefing)이란, 현지에서 열심히 사역을 감당한 후에 잠시 하나님 앞에 멈추어 서서 영적, 육체적, 정서적, 관계적, 사역적인 부분을 돌아보는 시간으로 교회나 파송 단체인 센터가 제공하는 것이다.
63  켈리 오도넬, op. cit., p55,56

'선교사'에 대해 한 번 생각해 보자. 선교사에 대한 이해를 바르게 가질 때 우리는 그들의 필요를 발견하고 돌볼 수 있다. '선교사는 가난하게 살아야 한다', '선교사는 강하다', '선교사는 영적인 사람이고 항상 건강하다', '능력 있는 선교사는 복음의 열매를 속히 맺는다', '선교사는 하나님께서 반드시 지키신다', '선교사의 가정은 하나님께서 책임지신다'. 이 중에서 정말 그렇다고 생각되는 것은 몇 가지가 있는가? 만약 우리가 선교사에 대해 이렇게 생각한다면, "왜 선교사가 힘들다고 하지?", "왜 선교사가 도와 달라고 하지?", "선교지에 간지 오래 되었는데 왜 아직도 열매가 없지?" 라는 식의 질문이나 반응이 나올 수 있다. 이와 같은 생각과 반응을 가질 수도 있겠지만 우리가 선교사들의 생애 주기를 이해한다면 위의 내용들에 대한 견해를 새롭게 할 수 있을 것이다.

　선교사의 생애 주기는 비교적 간단하다. 부르심을 받으면 훈련을 받고 선교지에 가게 된다. 그리고 일정 기간을 지나면 안식년을 갖고, 마치면 다시 선교지로 복귀한다. 이것을 몇 번 반복하다가 은퇴를 하게 된다.[64] 이 각각의 단계에 적절한 돌봄이 있어야 건강하게 사명을 감당할 수 있다.

### 선교 지원자

　첫 단계는 선교지에 나가기 전으로 선교사 지원 단계이다. 이 과정에서 지원자는 이전의 삶과는 다른 삶으로 전환되기에 여러 가지 어려움을 경험하게 된다. 부르심을 확인하고, 파송 교회와 단체를 선택하는 등의 큰 결정을 해야 하는 시기이기 때문이다. 지원자는 선교지로 들어가기 위한 영적, 정서적, 전문적 준비나 타문화 훈련 등을 받게 된다.[65] 싱글은 싱글대로, 가족은 가족으로서 구체적인 준비가 필요한 시기이다. 또한 함께 할 동역자를 세워야 한다. 이런 상황 속에서 지원자가 선교지를 결정하고 선교지로 향하는 모든 과정은 쉬운 일이 아니다. 이 때에 센더는 기도와 정서적 격려로 그들을 지원해 줄 수 있다. 더 나아가 센더는 교회와 선교 단체와의 긴밀한 연합을 통해서 지원자의 부르심을 확인하고 점검하는 것을 도울 수 있다. 어떤 지원자는 충분한 사회적 경험과 재정적 자립이 가능하여 교회의 파송 절차나 재정의 지원 없이 선교지로 나갈 수 있다고 생각한다. 그러나 선교는 혼자가 아닌 교회와 선교 단체와 함께 하는 것임을 그들에게 권면해 줄 필요가 있다.

센더가 하나님의 마음을 가지고
하나님과 깊은 교제 가운데 있을 때 성령의 인도하심을 따라
지원자를 바르게 돌보고 격려할 수 있다.

• • •

64  브라암 빌름, 마리나 프린스, op. cit., p51
65  Ibid., p6

## 사례

💬 우리 교회에 선교에 헌신한 신실한 청년이 있다. 어느 날 그는 기도회에서 선교사로 나가는 것에 대한 부르심을 받았으며 지금 선교 단체와 선교지를 알아보고 있다는 것을 나누었다. 홀어머니와 함께 살고 있는 그는 경제적으로 넉넉치 않은 형편이다. 그래서 선교지로 나가면 당장 어머니의 삶이 어려울 것 같아 나가기를 포기하고 싶은 마음과 부르심 사이에 갈등이 있다고 한다. 센더인 나는 이 청년에 대하여 어떤 마음을 가져야 하고 어떻게 도울 수 있을까?

## 돌봄의 가치

💬 이 시기에 있는 사람들에게는 부르심에 관한 많은 의문과 도전이 있다. 선교지원자의 주어진 환경으로 인해서 마음의 갈등이 생길 때 센더의 적절한 도움이 필요하다. 센더가 하나님의 마음을 가지고 하나님과 깊은 교제 가운데 있을 때 성령의 인도하심을 따라 지원자를 바르게 돌보고 격려할 수 있다. 선교사의 삶이 고난의 길임을 알기에 지원자를 사랑하고 아끼는 마음으로 축복하며 격려해 주는 것은 쉽지 않을 수 있다. 그렇지만 센더는 그 지원자를 통해 하나님께서 하시고자 하는 일을 믿음의 눈으로 바라봄으로 돌보아 줄 수 있다.

---

현지 적응을 도울 수 있는 경험 많은 선교사와
신뢰할 만한 현지인 동역자가 필요하다.

---

## 신임 사역자

지원 과정에서의 어려움을 극복한 지원자는 마침내 선교지로 가게 된다. 이 단계는 현지 적응의 시기이다. 선교지에 도착하면 언어로 인한 의사 소통의 어려움, 다른 가치관과 삶의 방식으로 인한 혼란을 겪게 되는데 이를 '문화 충격'(Culture Shock)[66]이라 한다. 마치 본국에서는 노란 안경을 쓰고 다녔는데 선교지에서는 사람들이 파란 안경을 쓰고 다니는 것과 같이 느껴진다. 이러한 기간은 보통 6개월에서 1년 정도로 볼 수 있는데 개인에 따라 다르지만 비평기를 지나 거절기로 넘어간다. 이 시기에는 "이 사람들이 다 틀렸어. 옳지 않아"라고 생각하게 된다. 왜냐하면 그들의 문화를 자신의 시각으로 보고 평가하기 때문이다. 선교사가 현지의 언어를 배우며 그들의 역사와 문화를 이해하고 그들의 삶의 방식을 받아들여 적응해 나가기 시작하는데 이 시기를 적응기라 하며 일반적으로 2년까지로 본다.

선교사들이 선교지에 가면 1~2년 언어와 문화를 배우면서 다른 사역을 하지 않는다. 그 이유는 이 비평기에 사역을 하다 보면 현지인들과 부딪치기가 쉽기 때문이다. 선교사는 자신의 신분과 역할이 달라졌음을 인식하며 언어 학습과 문화 이해 등 현지 적응에 우선 순위를 두어야 한다. 이 과정을 거친 후에 복음을 전하고 교회를 개척할 수 있기 때문이다. 가능하면 신뢰할 만한 두 부류의 멘토를 세우는 것도 도움이 된다. 즉, 현지 적응을 도울 수 있는 경험 많은 선교사와 신뢰할 만한 현지인 동역자가 필요하다.

• • •
66  랄프 윈터, 스티븐 호돈, 한철호, 『퍼스펙티브스2 문화 전략적 관점』, 정옥배, 변창욱, 김동화, 이현모, 예수전도단(2010), p125 내용을 참고하였다.

## 사례

선교사가 선교지에 간 지 거의 2년이 다 되었다. 간간히 오는 기도 편지를 통해 현지에 잘 적응하고 있다고 생각했다. 얼마 후 나는 그의 사역지를 방문하게 되었다. 그런데 선교사 부부를 만난 후 마음이 무거워졌다. 남편 선교사는 비교적 언어도 잘 하고 현지 적응에도 문제가 없는 것 같은데, 부인 선교사는 이제 갓 3살, 5살된 아이들의 육아로 인해 충분히 언어를 습득하지 못했고, 소매치기들과 거짓말을 자주 하는 현지인들로 인한 스트레스로 많이 지쳐 보였다. "내가 하는 말실수에 나를 바보로 취급하는 것 같아요", "물건을 살 때마다 바가지를 씌워요" 어느 것 하나 자신의 힘으로 해결할 수 없는 무능한 자신을 보며 선교사로 계속 살 수 있을지 의심이 든다고 했다. 나는 센더로서 이들에 대해 어떤 마음을 가져야 하고 어떻게 도울 수 있을까?

## 돌봄의 가치

현지 적응 과정에서 겪는 문화 충격은 일반적이며, 자연스러운 현상이다. 고어가 선교지에서의 초기 1~2년 정도에는 이러한 일들이 있을 수 있음을 센더는 이해하고 있어야 한다. 고어는 이 시기를 지나면서 정체성의 혼란을 경험하게 된다. 센더는 그들의 이야기를 잘 들어주며 정상적인 반응이라고 안심시켜 줄 필요가 있다. 자신의 정체성을 어떤 사역이나 능력이 아닌 예수 그리스도 안에서 찾도록 도와준다. 이러한 상황에서 센더는 고어가 선교지에 있는 것만으로도 의미가 있음을 상기시켜 주며 격려해 줄 수 있다.

## 안식년 선교사

첫 기간의 사역을 마치면 선교사는 안식년을 갖게 된다. 꿈에 그리던 고국에 들어갈 생각에 마음이 들뜨게 된다. 그러나 동시에 자신을 뒤돌아보게 된다. '선교사로 현지에서 1기 사역을 마쳤는데 나는 사역을 잘했나? 하나님 앞에서 그분의 뜻을 성취했나? 파송 교회가 기대했던 사역들을 잘 감당했나?' 그런 생각이 들게 된다. 또한, 지난 사역의 열매로 귀한 영혼들이 주께 돌아와 제자 양육을 하며 작은 가정 교회도 생겼다. 그런데 '안식년 동안 그들을 두고 돌아가도 될까?', '내가 없는 동안 돌봐줄 사람이 있을까?', '돌아올 때까지 잘 자라고 있을까?' 그런 생각을 하면서 두고 떠나는 것에 죄책감이 들기도 한다.

선교사들이 갖는 안식년의 목적은 영육 간의 휴식과 재충전, 동역자들에 대한 사역보고와 관계증진, 다음 사역의 준비를 위함이다.

선교사가 안식년으로 귀국했을 때 겪을 수 있는 어려움들이 있다. 특별히 장기적으로 거주할 숙소를 찾기가 쉽지 않다. 그래서 자녀가 있는 경우에는 학교에 보내기도, 정착하기도 어렵다. 파송 교회의 상황과 사람들도 많이 바뀌어 또 다른 적응의 도전이 있다. 급속도로 변화하는 한국의 생활 환경에도 적응해야 한다. 또한 이러한 상황에 있는 고어가 이해 받지 못하는 경우도 있다.

## 사례

교회에서 파송한 선교사가 4년만에 한국에 돌아와 안식년을 보내고 선교지로 돌아간다고 하였다. 그래서 그동안 미뤄 왔던 선교사와의 만남을 위해 식사 자리를 마련했다. 1년이나 한국에서 보냈기에 잘 회복되고 영적으로도 충만할 것이라는 나의 기대와는 달리 오히려 많이 지쳐 있는 모습이었다. 그리고 대화 가운데 오히려 한국 생활이 더 어렵고 선교지에 가서 쉬어야겠다고 하는 것이다. 도저히 이해가 안되었다. 센더로서 안식년 선교사가 잘 회복되도록 어떻게 섬길 수 있을까?

## 돌봄의 가치

선교사가 갖는 안식년의 목적은 1) 영육 간의 휴식과 재충전(휴식, 질병치료, 영적인 회복 등) 2) 동역자(교회, 후원자 등)들에 대한 사역 보고와 관계 증진(가족 포함) 3) 다음 사역을 위한 준비 (필요한 기술 습득, 자기개발, 공부) 등 3가지로 볼 수 있다.[67] 일반적으로 센더는 안식년으로 귀국한 선교사에게 선교지에서 어떤 사역 경험과 열매가 있었는지 듣고 싶어 한다. 그러나 이런 사역에만 관련된 기대는 첫 안식년을 가지는 고어에게는 부담스러울 수 있다. 1기 사역의 주된 내용이 현지 적응과 사역의 시작이라고 할 때 센더는 고어의 적응 과정은 어떠하였는지, 그 과정에서 경험한 어려움을 통한 교훈은 무엇이었는지, 사역을 위해 앞으로 준비해야 할 부분 등을 질문해 볼 수 있다. 처음 가지는 안식년은 선교사가 타문화권의 새로운 삶과 사역을 돌아보고 앞으로 전인적으로 건강한 사역을 할 수 있도록 준비하는 시간이기 때문에 이에 맞는 돌봄과 격려가 필요하다.

---

**67** 랄프 윈터, 스티븐 호돈, 한철호, 「퍼스펙티브스2 문화 전략적 관점」, 정옥배, 변창욱, 김동화, 이현모, 예수전도단(2010), p125 내용을 참고하였다.

## 안식년 이후

안식년을 마치고 선교지로 복귀할 때 선교사는 앞으로 펼쳐질 사역에 대한 기대감과 동시에 부담감도 가지고 들어간다. 2기 사역은 1기때와는 다른 어려움에 직면하게 된다. 그 전에는 언어를 배우고 문화 습득에 집중했었다면 점차 사역의 열매에 대한 고민이 시작된다. 언어가 어느 정도 준비되면 사역에도 많은 진전이 있으리라 생각했으나 현지인들에게 복음을 전하고 제자 훈련을 하기엔 여전히 부족하다는 것을 깨닫는다. 또한 주위 선교사들과의 관계에서 어려움을 경험하기도 한다. 더구나 급변하는 현지의 상황에 따른 안정된 신분을 위한 대책과 사역적 돌파에 필요한 전략 계발에 에너지를 쏟기도 한다.

선교지에서 2기, 3기 사역으로 10년 이상의 시간들이 지나면서 본국의 부모님들은 자녀들의 돌봄이 필요한 노년기로 접어들게 된다. 자녀들은 어느새 청소년기를 거치면서 대학 입학 등 미래에 대한 준비를 필요로 한다. 동시에 선교사 본인들도 중년의 시기로 접어들면서 예상치 못한 건강의 문제에 직면하기도 한다. 또한 선교지에 오래 있게 되면, 본국과의 관계는 점점 멀어지고 후원자와 후원 교회의 관심과 지원도 줄어들기 시작하여 재정적인 어려움을 겪게 된다.

## 사례1

한 교회에서 파송한 선교사 두 가정이 같은 지역에서 NGO 사역을 하고 있다. 그 중에 한 가정이 2기 사역 중에 비자 서류와 사역 기술 습득을 위해 잠깐 본국에 돌아왔다. 너무 반가워 함께 식사를 했는데 식사 시간 내내 다른 선교사에 대한 불만을 쏟아 놓았다. 후임 선교사가 자신의 말에 귀 기울이지 않으며 현지의 사정을 잘 알지 못하기에 자주 문제를 일으켜 해결하기에 바쁘다는 것이다. 뿐만 아니라 조금이라도 조언을 하려고 하면 화를 내서 어떻게 의사 소통을 해야 할지조차 모르겠다고 하였다. 식사를 마치고 돌아오는 길에 마음이 너무 무거웠다. 그렇게도 같이 할 사람이 필요하다고 하여 무리해서 선교사를 파송했는데 주님께 헌신한 선교사들간에 이러한 갈등이 있다고 하니 큰 실망감이 들었다.

## 돌봄의 가치

안식년 이후 사역의 기간은 선교사로서 성숙의 기회가 된다. 반면에 선교사 조기 탈락도 대부분이 이 시기에 발생하기 쉽다. 선교지에서 동료와 후배들과 갈등하는 선교사들을 볼 때 센더는 기대한 만큼 실망이 클 수 있다. 그러나 이때 센더와 고어 모두에게 필요한 것은 갈등에 대한 새로운 관점이다. 근본적으로 죄인이고 서로 다른 선교사들이 선교지의 열악한 상황에 노출되어 있음을 알 필요가 있다. 또한 이 시기는 사역을 통해 성과를 내야 한다는 생각으로 스트레스가 많다. 센더가 판단하지 않는 훌륭한 경청자가 되어주고 직면한 어려움에 도움이 되는 외부 자원을 제공하며 함께 기도하고 하나님의 뜻을 분별해가는 영적 동반자가 되어 줄 때 선교지와 선교사의 위기는 센더, 고어 모두에게 하나님을 영화롭게 하는 기회, 다른 사람들을 섬기는 기회, 그리스도를 닮아 성숙하는 기회가 될 수 있다. 궁극적으로 이런 센더와 고어의 동역을 통해 하나님 나라가 선교지에서 확장되어 가는 것이다.

센더와 고어의 동역을 통해
하나님 나라가 선교지에서 확장되어 가는 것이다.

## 사례2

어느 날 안식년 중인 A선교사로부터 전화가 왔다. 건강 검진 결과 대장
암이라고 했다. 그래서 급히 입원하게 되었고 수술 예정이라고 했다. 그
는 "이렇게 해서라도 리모델링을 할 수 있다면 감사하지요"라고 말하는
것이 아닌가! 그의 밝은 목소리에 위로할 말을 잊어버리고 말았다. 급히
병원을 찾았지만 마땅히 할 말이 없어 손만 꼭 잡아 주었다. 돌아오는 길
에 나는 마음 속으로 "하나님, 이 사람이 얼마나 헌신되어 사명을 감당했
는지 아시잖아요? 현지에 얼마나 많은 사역과 손길이 필요한지… 도대
체 왜?"라고 하나님께 물었다. 이러한 고어의 어려움 앞에서 센더로서
나는 어떻게 위로할 수 있을까?

## 돌봄의 가치

많은 경우 선교사는 척박하고 열악한 환경에서 사역한다. 그러한 상황과
다양한 이유들로 인해 몸에 질병이 발생하기도 한다. 선교사는 이와 같
은 질병으로 인한 고통이나 삶의 어려움이 있을 때 내적인 갈등을 겪게
된다. 하나님을 더욱 신뢰하는 가운데 고난을 통과하여 세상이 감당치
못할 사람이라는 감탄을 받기도 하지만 스스로를 정죄하고 낙심하며 좌
절하기도 한다. 수고하고 헌신했는데, 왜 이런 질병에 걸렸는지 하나님을
원망할 수도 있다. 이때 센더는 어려움을 통과하는 고어를 격려하고 위
로해 줄 수 있어야 한다. 어떤 말보다도 어려움을 통과하는 고어의 옆에
함께 있어 주는 것이 의미 있는 사역이다. 이러한 사역을 통해 고어는 고

난을 통과하며 제자의 길을 가고 있다는 것을 확인하게 되며 '나는 이제 너희를 위하여 받는 괴로움을 기뻐하고 그리스도의 남은 고난을 그의 몸 된 교회를 위하여 내 육체에 채우노라'(골1:24)는 바울의 고백을 성취하게 된다. 센더가 고어와 함께 고난의 진정한 의미를 새기며, 그 과정을 함께 해 줄 때 고어는 힘과 위로를 얻을 것이다.

## 선교사 자녀

멤버케어가 가족 단위로 이루어질 때 빼놓을 수 없는 것이 선교사 자녀(MK)[68]이다. 자녀의 아픔으로부터 자유로울 수 있는 부모는 없다. 그러기에 센더는 먼저 MK에 대한 바른 이해가 필요하다. MK는 대체로 준비되지 않은 채 선교에 헌신한 부모를 따라 낯선 땅으로 간다. 이들 또한 부모 선교사와 마찬가지로 현지 적응의 어려움을 겪게 된다. 이들은 거의 동시에 모국어를 비롯해 여러 언어를 배워야 하기에 언어 발달이 늦고 혼돈을 경험하기도 한다. 어떤 때는 모국어와 현지어를 섞어서 사용하기도 한다. 도전은 이것만이 아니다. 부모 선교사가 자녀보다 현지 사역에 우선 순위를 두고 있다고 느껴 부모로부터 소외감을 느낄 수도 있다. 나를 누구보다도 사랑한다는 하나님께서 왜 나를 이런 환경에 두셨는지 가끔 의문이 들기도 한다. 그럼에도 노력하여 어렵게 친구도 만들고 잘 적응하고 있던 어느 날 부모가 안식년이 되어 본국으로 가자고 한다. 그러나 귀국한 MK는 본국의 아이들과도 같지 않다는 것을 느낀다. 현지에서도 소속감을 느낄 수 없었고, 본국에서도 친구가 없다. 이런 상황에서 자란 아이들을 제3문화의 아이들(TCK)[69]이라고 한다.

하나님께서는 선교사만 부르신 것이 아니라 그들의 자녀도 같이 부르신 것이다. 선교지에서의 삶과 사역의 모든 과정을 자녀와 나누고 기도하며 함께 기뻐할 수 있어야 한다. 자녀와 함께 살아 계신 하나님과 그 은혜를 누리는 것이다. 이런 일들을 경험하며 MK도 믿음이 성장하게 된다. 그들은 선교지에서 정체성의 혼란, 잦은 이동으로 인한 정서적 불안 등의 다양한 어려움을 겪게 된다. 그럼에도 불구하고 다양한 문화와 언어를 경험하며 국제적 감각을 갖춘 글로벌 리더로서의 잠재력을 가질 수 있는 장점이 있다.

센더는 본국으로 귀국한 MK가 본국의 역사를 배우며 그 정체성을 갖도록 도울 수 있다. 또한 친구들과 함께 시간을 보낼 수 있는 기회를 마련해 주고 그들을 통해 소속감을 느끼고 안정감을 가질 수 있도록 세심하게 돌볼 수 있다. 이런 MK의 특성을 잘 이해하고 개인으로, 혹은 공동체로 그들을 지원하며 MK가 자신의 잠재력을 잘 계발할 수 있도록 돕는 것도 센더의 중요한 역할 중 하나이다.

• • •

68  선교사 자녀: Missionary Kid(s), 앞으로 "MK"라 사용하겠다. 또한 TCK(Third Culture Kid(s), '제3문화의 아이들'이란 뜻으로 불리우기도 하는데, 성장기의 중요한 시기를 부모의 문화가 아닌 다른 문화권에서 지낸 자로서, 어느 한 문화에 대한 완전한 주인 의식은 없으면서도 모든 문화에 대해 연대감을 느낀다. 각 문화의 요소들이 삶의 경험 속에 융해되어 있지만 자신의 소속감은 같은 경험을 갖고 있는 다른 사람들과의 관계 속에서 느낀다. 데이비드 폴락, 루스 반 레켄, 「제3문화 아이들」, 박주영, 비즈앤비즈(2008), p.52~61 요약하였다.

69  각주 55 참고하라.

## 사례

교회에서 파송한 선교사 가정이 안식년으로 본국에 돌아왔다. 가족을 만나 저녁 식사를 하는데 식사하는 시간 내내 선교사와 첫째 아들이 인상을 쓰고 있었다. 선교지에 가기 전까지만 해도 착하고 순종적이었는데 말마다 화를 내고 결국은 식사를 마치지 못하고 아들이 밖으로 나가버렸다. 선교지에서 아들이 현지에 적응을 하지 못해 어려움을 많이 겪었다고 한다. 그래서 본국에 돌아오면 좋아질 거라 생각했는데 이곳에 와서도 왕따를 당한 것이다. 아들은 점점 더 정서적인 어려움을 극단적으로 표현한다고 한다. 센더로서 나는 어떻게 이 가정을 도울 수 있을까?

## 돌봄의 가치

선교지에 가기 전 MK도 준비 과정(Pre-field orientation)이 필요하다. 부모가 헌신하게 된 과정을 처음부터 자녀들과 나누어 그들도 마음을 준비하도록 도와야 한다. MK가 본국을 떠날 때 이별을 잘 하도록 준비시키고 하나님께서 하신 약속과 비전을 그들의 눈 높이에 맞추어 설명해 주어야 한다. MK도 선교지에 도착하면 부모와 동일한 문화 충격을 받는다. 때로는 더 심할 수도 있음을 센더는 이해할 필요가 있다. 특별히 힘든 환경과 상황을 겪으며 건강하지 못한 방법으로 표현하는 자녀와 이들을 양육하며 많은 어려움을 겪고 있는 부모인 고어에게도 도움이 필요하다. 그들이 표현하는 내적인 어려움을 귀담아 듣고 그들의 마음을 공감해 주며 함께 기도하는 시간을 가지는 것은 큰 위로와 힘이 된다. 이것은 부모인 고어가 자녀와의 건강한 관계를 유지하고 지속적으로 사역을 감당할 수 있게 한다.

## 은퇴 선교사

안식년(월)과 사역을 반복하면서 어느새 선교사는 은퇴를 고려하는 시기가 된다. 요즘에는 변화하는 선교지 상황으로 자연스러운 은퇴가 아닌 다양한 이유들로 이른 시기에 은퇴해야 하는 상황도 발생한다. 최근 선교지에서의 선교사 대규모 추방, 전염병 및 전쟁으로 인한 비자발적인 철수와 은퇴 등이다. 1980년대 후반부터 파송된 선교사들 가운데 앞으로 10년 이내에 상당수가 은퇴할 것이다.

하나님을 온전히 신뢰하는 "믿음"과 함께 은퇴후의 삶에 대한 "장기적이고 체계적인 준비"를 하지 않는다면 은퇴 후 20–30년간의 노후생활(생활비, 주택, 의료 등)에 현실적인 어려움을 겪을 수 있다.[70]

### 사례

A선교사 부부는 젊은 나이에 파송되어 선교 현장에서 사역한지 30년이 되었다. 그동안 어려운 순간도 많았지만 때마다 하나님의 도우심으로 이겨 낼 수 있었고 오히려 위기가 하나님을 더 신뢰하는 기회가 되었다. 물론 사역적으로도 많은 열매를 맺게 하셨다. 그러던 중, 안식년 기간에 A선교사 부부는 은퇴를 생각할 때가 되었음을 느꼈다. 소속 단체의 은퇴

---

**70** 김태정, FOS Mission Consulting, 2018, 은퇴준비 consulting 개관 : 네이버 블로그 (naver.com), https://m.blog. naver.comPostView.nhn? blogId=kpinehill&logNo=221370884704&targetKeyword=fos%20mission%20Consulting&targetRecommendationCode=1

규정에 따라 70세를 선교사 정년으로 본다면, 앞으로 사역 기간이 몇 년 밖에 남지 않았기 때문이다. 이제는 마무리를 염두에 둔 사역이 되어야 한다. 선교지가 본국보다 더 편하고 안정감을 주는 곳이 되었는데 현장을 떠나야 할 생각에 여러 감정이 밀려온다. 은퇴 선교사로서 본국으로 돌아가 재정착을 해야 한다고 생각하니 어디서, 무엇을 하며 살아야 할지 막막해진다. 주변에 준비 없이 갑자기 은퇴를 하게 되면서 어려움을 겪는 선배 선교사들의 이야기도 들려온다. 같은 선교지에 있는 어떤 선교사 가정은 연금도 들어 놓았고 은퇴 후 살게 될 주택도 얼마 전에 분양을 받았다고 한다. A선교사 부부 역시 언젠가는 은퇴하게 되리라 생각했지만 은퇴를 미리 준비해야 한다는 생각은 미처 못하고 있었다. 믿음으로 선교지에서 잘 살아왔기에 앞으로도 그럴 것이라 생각하지만, 그래도 뭔가 구체적인 준비의 필요를 느낀다. 이런 상황을 파송 교회와 동역자들에게 나누려니 마음도 편치 않고 왠지 믿음이 부족한 선교사로 보여질까 꺼려진다.

## 돌봄의 가치

부르심에 의지하여 선교지에서 젊은 시기를 보내다가 본국으로 돌아온 선교사들은 재정착하여 노년의 삶을 살아가야 한다. 처음 선교지로 갈 때 은퇴 준비를 생각하는 선교사는 아무도 없을 것이다. 센더도 사역 기간 중의 선교사와의 동역만이 센더의 역할이라고 생각하기 쉽다. 그러나 선교사 인생주기의 마지막이 은퇴라면, 그 때에도 센더는 고어와 함께 동역을 염두에 두어야 한다. 여기서 선교사 멤버케어가 예방적이어야 한다는 원리를 다시 언급하고 싶다. 건강하고 효과적인 선교사의 삶을 위해 적절한 훈련이 선교사가 되는 과정에 있었고, 안식년(월)이 사역을 위한 숨 고르기와 재충전의 시간으로 필요했듯이 센더들과 선교사에 의해 사역기간 중의 어느 시기부터 은퇴를 위한 준비가 미리 시작되어야 한다.

그 중 하나가 선교사 재훈련 프로그램으로써 선교사 은퇴교육이 될 수 있다. 은퇴 이후의 실제적인 삶을 위한 방안들을 함께 고민하고 구체적인 대안들을 만들어가야 한다. 또한 삶의 성숙과 다년간의 타문화권 사역 경험을 가진 선교사들이 본국의 사회와 교회 안에서 창조적으로 기여할 수 있는 기회가 마련되어야 할 것이다.

**결 론**

선교는 복음을 위해 기꺼이 고난을 감수하며 살아가는 십자가의 길이다. 그러므로 멤버케어는 다가오는 고난을 잘 헤쳐 나가고 어려움을 예방하도록 섬기는 필수적인 센더의 사역이다. 우리 중에 자격이 되고 능력이 되어서 하나님의 쓰임을 받는 사람은 없다. 오히려 하나님께서는 연약하고 부족한 자를 택하셔서 하나님의 선교를 이루어 나가신다. 센더는 하나님 아버지의 마음으로 고어의 필요를 이해하고 시기에 맞는 멤버케어를 제공함으로써 복음을 전파하는데 동참해야 할 것이다.

센더는 하나님 아버지의 마음을 가지고
고어의 필요를 이해하고 시기에 맞는 멤버케어를 제공함으로써
복음을 전파하는데 동참해야 할 것이다.

**소그룹 나눔**

우리 교회에서 선교사를 위해 할 수 있는 멤버케어는 어떤 것이 있는가?

우리가 후원하는 선교사는 어느 시기(생애 주기)에 있는가?
그 시기에 어떤 멤버 케어가 필요하다고 생각하는가?

우리가 후원하는 선교사가 겪을 수 있는 어려움을 어떻게 예방할 수
있겠는가?

제 **5** 강

# 센더의 삶과 자세

오직 사랑 안에서 참된 것을 하여 범사에 그에게까지
자랄지라 그는 머리니 곧 그리스도라 에베소서 4:15

일반적으로 '선교사 파송'의 의미를 선교사 한 사람이 '가는 것'으로만 생각했다면, 센더의 개념을 이해한 후에는 센더가 파송받는 고어와 '함께 간다'는 마음을 가지게 될 것이다. 운동회 때 즐겨 하던 줄다리기를 한 번 생각해 보자. 앞에 있는 사람이 아무리 열심을 내어도 뒤에서 함께하지 않으면 결코 이길 수 없는 것과 같이 고어와 센더도 이와 같다. 예수님의 제자로서 센더와 고어의 삶의 목적과 방식은 다르지 않다.

## 센더로서의 삶

그러면 센더의 삶은 어디에서부터 시작되는 것일까? 예수님을 만남으로 시작된다. 예수님은 물고기를 잡으며 열심히 살고 있는 베드로에게 찾아오셨고(눅5장), 종교적 열심을 가지고 그리스도인을 핍박하러 다니던 사울을 다메섹 도상에서 만나(행9장) 주셨다. 성경에 나타난 수많은 제자들의 삶은 모두 달랐지만 주님을 만났다는 공통점을 가지고 있다. 우리도 마찬가지이다. 제자들이 예수님을 만난 이후 그를 따르기로 결단했던 것처럼 이 만남은 우리를 새로운 사명으로 인도한다. 우리 모두는 센더나 고어로서 각각의 부르심을 받게 된다. 서로 감당하는 역할은 다르지만 삶의 자세나 모습은 제자로서 동일한 모습을 가지고 있다. 그러므로 센더의 삶은 제자로서의 올바른 정체성과 자세를 가지고 주님의 말씀에 순종하는 것이다.

> 센더의 삶은 제자로서의 올바른 정체성과 자세를 가지고
> 주님의 말씀에 순종하는 것이다.

예수께서 나아와 말씀하여 이르시되 하늘과 땅의 모든 권세를 내게 주셨으니 그러므로 너희는 가서 모든 민족을 제자로 삼아 아버지와 아들과 성령의 이름으로 세례를 베풀고 내가 너희에게 분부한 모든 것을 가르쳐 지키게 하라 볼지어다 내가 세상 끝날까지 너희와 항상 함께 있으리라 하시니라 마 28:18~20

이 구절은 선교에 대한 예수님의 열정이 담겨있는 말씀이다. 이것은 예수님께서 승천하시기 전에 자신이 이 땅에 오신 목적을 제자들에게 남기신 가장 중요하고도 뚜렷한 메시지이다.

첫 번째로 주목할 것은, '하늘과 땅의 모든 권세를 내게 주셨으니…' (18절) 이다. 이 말씀은 주님이 제자들에게 지난 3년 반 동안 함께 생활한 자신이 누구인지를 상기시켜 주시는 것이다. 우리를 사랑하여 십자가에

서 죽으신 예수님이 하늘과 땅의 권세를 가지신 분임을 깨우쳐 주고 계신다. 우리가 센더로서 살아가는 기초는 다른 어떤 것이 아니라 예수님의 권위를 믿고 인정하며 그 사랑을 깨닫는 것으로부터 '센더로서의 삶', 곧 '제자로서의 삶'을 시작하라고 말씀하신다.

> 그러나 무엇이든지 내게 유익하던 것을 내가 그리스도를 위하여 다 해로 여길뿐더러 또한 모든 것을 해로 여김은 내 주 그리스도 예수를 아는 지식이 가장 고상하기 때문이라 내가 그를위하여 모든 것을 잃어버리고 배설물로 여김은 그리스도를 얻고 그 안에서 발견되려 함이니… 빌 3:7-9

이렇게 고백한 사도 바울은 그 당시 가장 유명한 석학 가말리엘 문하(門下)에서 공부한 사람이었고 히브리인 중에 히브리인이었으며 율법으로는 바리새인으로서 흠이 없는 사람이었다. 그는 다른 사람과는 비교할 수 없는 종교적 열심과 높은 도덕적 기준으로 살았던 사람이었다. 그러나 그가 예수님을 만난 후, 이 모든 것들을 배설물로 여긴다고 고백했다. 왜냐하면 그리스도를 아는 지식의 고상함이 다른 어떤 것과도 비교할 수 없었기 때문이다. 이와 같이 센더도 주님을 향한 뜨거운 열정을 가지고 살아야 할 것이다.

• • •

71  WEC국제선교회, 「원리와 실천요강(Principles & Practice of WEC International)」, 2011, p8
72  에일린 빈센트, 「위대한 하얀추장」, 조은혜, WEC출판부(2010)를 참고하였다.

예수 그리스도가 하나님이시며 나를 위해 죽으셨다면
그 분을 위한 나의 어떠한 희생도 결코 크다고 할 수 없다.
C. T. 스터드, WEC 국제선교회 설립자


WEC국제선교회의 설립자인 찰스 토마스 스터드(Charles Thomas Studd, 1862-1931)는 "예수 그리스도가 하나님이시며 나를 위해 죽으셨다면 그 분을 위한 나의 어떠한 희생도 결코 크다고 할 수 없다."[71]고 했다. 영국 귀족의 집안에서 태어나 최고의 교육을 받고, 스포츠 스타로 명성을 날렸던 사람이었다. 젊은 나이에 주님을 만난 그는 이 모든 것을 내려놓고 중국과 인도에서 선교에 헌신했다. 또한 심각한 건강의 문제와 모든 사람이 어렵다고 했던 나이에도 불구하고 아프리카로 가서 그의 남은 생을 주님께 드렸다. 다른 것에는 열정이 없었다. 대신에 '나 때문에 하나님이신 예수님이 죽으셨는데 어떻게 하면 그 분 한 분만으로 내가 온전히 만족한 삶을 살 수 있을 것인가'에 그의 모든 열정을 쏟았다.[72]


두 번째로 '그러므로 너희는 가서'(19절) 는 주님을 사랑하는 열정으로 살아가는 모든 제자들에게 하신 말씀이다. 고어에게는 타문화권으로 '가는' 것을 의미하지만 센더에게는 자신의 삶의 현장으로 '가서' 이 말씀에 순종해야 함을 의미한다. 이를 위해서는 자신의 '익숙하고 편안한 삶의 방식'을 떠나고, 세상의 기준으로 '이 정도의 삶의 수준'을 유지하려는 것을 내려 놓고 주님을 사랑하는 열정으로 그 분을 따라 가는 것이다.

마지막으로, 우리가 '분부한 모든 것을 가르쳐 지키게 하라'(20절) 는 말씀에 순종해 나아갈 때 주님은 '볼지어다. 내가 세상 끝날까지 너희와 항상 함께 있으리라' 라는 약속의 말씀을 이루어 가신다. 이 약속은 센더와 고어의 삶을 살아가는 우리에게 어떠한 어려움 속에서도 사명을 감당할 수 있게 하는 힘과 위로가 된다.

## 센더로서의 삶의 자세

센더로서의 삶의 자세를 믿음, 거룩, 희생, 교제라는 네 가지 원리로 설명하고자 한다.[73] 이는 제자의 삶의 특징이기도 하다.

### 믿음(Active Faith)

여기에서 '믿음'이란 단지 '구원받는 믿음'만이 아닌, '행동하는 믿음', 곧 전적으로 하나님을 신뢰하며 사는 삶을 의미한다.

> "우리의 삶과 사역에서 모든 필요의 공급자이신 하나님께 전적으로
> 의지하며 어떠한 반대, 어려움, 그리고 불가능하게 보이는 상황
> 속에서도 하나님께서는 당신의 나타내신 뜻을 이루실 것을 믿는다."

• • •

[73]  WEC국제선교회, 「원리와 실천요강(Principles & Practice of WEC International)」, 2011, p9~13를 정리, 요약하였다.

이것은 WEC국제선교회가 지향하는 믿음의 내용이다. 다윗은 "여호와는 나의 목자시니 내게 부족함이 없으리로다"(시23:1) 라고 고백했다. 양은 목자 없이는 살 수 없다. 목자는 양의 모든 필요를 잘 알고 그들을 인도한다. 이와 같이 하나님은 우리 인생의 목자가 되신다. 목자 되신 하나님은 우리의 인생을 알고 계시고, 인생 전체의 설계도를 가지신 분으로서 우리를 인도해 가신다. 이것을 전적으로 신뢰하며 살아가는 것이 바로 행동하는 믿음이다.

믿음으로 살아가는 사람은 복음의 능력을 믿고 살아간다. 세상으로 보냄을 받은 고어와 센더는 때때로 불가능하게 보이는 도전에 직면하게 된다. 이럴 때에 우리는 하나님께서 우리의 기도와 우리가 하는 모든 것을 통하여 역사하신다는 것을 확실히 믿어야 한다. 지금 당장 열매가 보이지 않더라도 하나님의 때가 될 때까지 믿음으로 걸어가는 것이 센더가 살아가야 하는 첫 번째 삶의 원리, 행동하는 믿음이다.

### 거룩(Practical Holiness)

많은 이들이 거룩에 대해 생각할 때 종교적 열심이나 행위를 떠올린다. 예를 들면, 새벽 기도를 열심히 참석하거나 말씀을 읽고 예배를 드리는 등의 신앙적 행위를 잘 하고 있으면 거룩하게 사는 것 같고, 그렇지 않으면 거룩하게 살지 못하는 것처럼 여긴다. 물론 이러한 것은 거룩한 삶의 일부라고도 볼 수 있다. 그러나 우리가 여기서 말하는 거룩은 외면적 열심이나 모습이 아닌, 주님으로 인한 내면의 변화에서 비롯된 실제적인 거룩을 의미한다. 이것은 우리 안에 내주하시는 성령님의 도우심으로 우리가 생각하고 말하고 행동하는 모든 것이 하나님께 드려지는 예배가 되는 삶을 말한다. 즉, 그리스도의 성품으로 전인적인 변화를 추구하고 그것을 경험하는 삶을 살아가는 것이 바로 센더가 추구하는 거룩한 삶이다.

'거룩'이라는 단어는 다소 부담스럽게 느껴진다. 그것은 내가 노력해야만 이룰 수 있는 것이라고 생각하기 때문이다. 그러나 성경에서 말하는 거룩은 진리를 믿음으로 받아들일 때 나타나는 정체성의 변화로 시작된다. 거룩에는 내가 의지적으로 결단해야 하는 부분과 동시에 그 결단의 근거가 되는 성경의 진리를 내가 믿음으로 받아들여야 하는 부분이 있다. 나의 신분, 정체성이 무엇인가를 깨닫고 그것이 실제가 될 때  하나님 앞에서 거룩한 삶을 살아갈 수 있게 된다.

> 그리스도의 성품으로 전인적인 변화를 추구하고
> 그것을 경험하는 삶을 살아가는 것이 바로 센더가 추구하는 거룩한 삶이다.

그리스도인으로서 우리는 그리스도의 죽음과 부활에 함께 연합된 존재이다. 그런 신분을 믿음으로 받아들일 때 실제적인 거룩을 경험하게 된다.

내가 그리스도와 함께 십자가에 못 박혔나니 그런즉 이제는 내가 사는 것이 아니요 오직 내 안에 그리스도께서 사시는 것이라 이제 내가 육체 가운데 사는 것은 나를 사랑하사 나를 위하여 자기 자신을 버리신 하나님의 아들을 믿는 믿음 안에서 사는 것이라 갈 2:20

타락 이후에 우리의 자아는 죄된 본성을 가지게 되었다. 그러나 예수님을 구주로 영접했을 때 하나님께서는 우리의 속사람을 그의 형상으로 회복시켜 예수님 닮은 인격이 되게 해 주셨다.

나는 포도나무요 너희는 가지라 그가 내 안에, 내가 그 안에 거하면 사람이 열매를 많이 맺나니 나를 떠나서는 너희가 아무 것도 할 수 없음이라 요 15:5

가지인 우리가 살 수 있는 유일한 길은 포도나무인 주님께 붙어 있는 것이다. 이와 같이 우리가 접붙혀진 가지처럼 주님과 연합하는 것이 모든 삶과 사역의 최우선 순위가 되어야 한다. 예수님이 주시는 힘으로 거룩한 열매를 맺는 것이 제자된 센더의 삶이다. 주님과 친밀할수록 접붙여진 가지인 센더는 성령으로 충만하게 되고 인격의 변화를 경험하게 된다. 이러한 내면으로부터의 변화가 바로 실제적인 거룩의 모습이다.

### 희생(Costly Sacrifice)
희생하기를 좋아하는 사람은 많지 않을 것이다. 왜냐하면 즐겁고 기쁜 생각보다는 힘들어서 피하고 싶다는 마음이 먼저 생겨나기 때문이다. 하지만 센더로서 살아간다는 것은 하나님 나라의 복음을 위해 기꺼이 희생하는 것을 포함한다. 이것은 우리가 하나님의 뜻을 분별하고 그 뜻에 순종하는 것을 삶의 우선순위로 두는 것을 의미한다. 예수님이 삶의 중심이기에 다른 어떤 것보다 예수님을 선택하겠다는 결심이다. 예를 들어, 허리가 좋지 않아 의사로부터 운동처방을 받은 사람은 건강을 위해 그 전과는 다른 삶의 우선순위를 정할 것이다. 운동으로 몸이 회복되는 것에 우선순위를 두었기 때문에 이전에 자신이 좋아했던 일을 하지 못하는 것에 대해 희생했다는 생각은 하지 않을 것이다. 이렇게 우선순위를 정하면 희생은 자연스러운 것이 된다.

주님의 사랑을 깨달은 센더는
그 어떤 것보다도 복음을 전하는 것을 최우선순위로 정하고
이를 위해 희생의 대가를 치르는 삶을 기꺼이 받아들인다.

또 무리에게 이르시되 아무든지 나를 따라 오려거든 자기를 부인하고
날마다 제 십자가를 지고 나를 따를 것이니라 눅 9:23

예수님은 자기를 따르는 무리를 향해 제자의 길은 자기 부인과 십자가를 지는 것임을 말씀하셨다. 우리는 스스로 자기를 부인하기를 원하지 않고 자아 실현을 추구하려 한다.

근본 하나님의 본체시나… 오히려 자기를 비워 종의 형체를 가지사…
죽기까지 복종하셨으니 곧 십자가에 죽으심이라 빌2:6-8

그러나 예수님은 자기 부인의 본을 보이셨다. 주님을 따라가는 삶은 자아가 십자가에서 죽었다는 것을 날마다 확인하고 순종하는 것을 통해 이루어진다.

> 너희는 이 세대를 본받지 말고 오직 마음을 새롭게 함으로 변화를 받아 하나님의 선하시고 기뻐하시고 온전하신 뜻이 무엇인지 분별하도록 하라 롬 12:2

그러나 이것은 쉽게 이루어지지 않는다. 이를 위해서는 우선 하나님의 뜻을 분별하는 것이 필요하다. 다양한 삶의 영역에 영향을 주는 이 세대의 모든 관점으로부터 벗어나 하나님이 말씀하시는 것을 분별하고 순종하는 것이 센더로서의 삶의 자세이다.

### 교제(Living Fellowship)

그리스도인은 사랑으로 서로를 세워가는 '성도의 교제'가 있는 삶을 살아간다. 하나님은 우리를 개개인으로 부르셨지만 동시에 공동체로도 부르셨다. 작게는 가정 또는 섬김의 공동체나 지역 교회 공동체로, 더 나아가서 예수 그리스도의 몸 된 우주적인 공동체로 우리를 부르셨다.

> 몸은 하나인데 많은 지체가 있고 몸의 지체가 많으나 한 몸임과 같이
> 그리스도도 그러하니라 고전 12:12

고린도전서 12장에서 보여주듯이 서로를 격려하고 세워서 조화롭게 하나를 이루어가는 것이 바로 공동체적 삶을 살아가는 것이다. 또한 주님은 마가복음 12장 28절 이하에서 새 계명이 무엇인가에 대해 가르쳐 주셨다.

> 예수께서 대답하시되 첫째는 이것이니 이스라엘아 들으라 주 곧 우리 하나님은 유일한 주시라 네 마음을 다하고 목숨을 다하고 뜻을 다하고 힘을 다하여 주 너의 하나님을 사랑하라 하신 것이요 둘째는 이것이니 네 이웃을 네 자신 같이 사랑하라 하신 것이라 이에서 더 큰 계명이 없느니라 막 12:29~31

그리스도인은 하나님을 사랑하고 경배하는 것에만 삶의 초점이 있지 않다. 하나님과의 관계에 기초하여 이웃을 사랑하고 살아가야 할 것을 성경은 말하고 있다.

> 그가 우리를 위하여 목숨을 버리셨으니 우리가 이로써 사랑을 알고 우리도 형제들을 위하여 목숨을 버리는 것이 마땅하니라 요일 3:16

행함과 진실함으로 표현되는 이웃 사랑을 통해 사람들은 우리가 그리

스도의 제자인 것을 알게 될 것이다. 그러므로 우리는 가정과 교회 공동체로부터 시작된 이웃 사랑을 직장과 사회에서도 실천하며 열방으로 흘려 보내야 할 것이다. 이것이 교제를 나누는 센더로서의 삶의 자세이다.

> 그리스도의 장성한 분량에 이를 때까지(엡4:13) 계속해서
> 자라가는 삶이 제자인 센더가 걸어가는 여정이다.

정리하면 센더는 첫째, 행동하는 믿음을 소유한 사람이다. 둘째, 성령님의 도우심으로 전 인격적인 거룩을 이루어가는 사람이다. 셋째, 하나님 나라의 복음을 위해서 하나님의 뜻을 최우선으로 두며 희생하는 사람이다. 마지막으로, 사랑으로 공동체와 세상을 섬기는 교제가 있는 사람이다. 위의 내용을 실천하며 그리스도의 장성한 분량에 이를 때까지(엡4:13) 계속해서 자라가는 삶이 제자인 센더가 걸어가는 여정이다.

## 그러면 어떻게 적용할 수 있을까?

### 개인과 가정에서

먼저 '나는 가족 구성원을 변화된 성품으로 섬기고 있는가'를 자신에게 질문하고 점검해 보자. '사람이 다 그렇지 뭐', '남들도 다 그렇게 하는데', '나 정도면 그래도 괜찮아' 라는 태도는 그리스도 안에서의 성장을 방해한다. 우리의 연약함은 스트레스를 받거나 어려움을 만날때 더 잘

드러난다. 스트레스는 우리 내면의 모습을 표출시키는 외부의 압력과도 같다. 이러한 상황 가운데 예수님의 성품이 나오는지 아니면 우리의 연약함이 나오는지 잘 살펴봐야 한다. 지속적으로 우리의 연약함이 주님의 성품으로 변화되어 가정에서 하나님 나라를 이루는 센더의 삶이 이루어져야 한다.

## 교회 공동체에서

센더는 우리가 속한 공동체에서 위에 언급한 센더의 삶의 자세를 남이 아닌 자신에게 먼저 적용해야 한다. 다른 지체에게 그렇게 살기를 요구하거나 판단할 필요는 없다. 이 원리들을 자신에게 적용해 살다 보면 우리의 변화를 느끼는 주변 사람들로부터 질문을 받게 되는 경우도 있을 것이다. 그때 우리의 결단과 자신을 변화시킨, 위에 언급한 믿음, 거룩, 희생, 교제의 원리를 그들과 나눌 수 있을 것이다. 센더로서 훈련받은 우리가 먼저 변화되어 공동체에 선한 영향을 주며 그들을 센더의 삶으로 초대할 수 있을 것이다.

## 이웃과의 관계에서

우리는 신앙 공동체에서만 아니라 각자가 살아가는 사회에서도 이와 같은 원리들을 적용해서 살아야 한다. 초대교회의 제자들이 놀라운 변혁을 일으킬 수 있었던 이유는 자신들의 공동체 뿐만 아니라, 세상에서도 참된 제자의 삶을 살았기 때문이었다. 우리도 우리가 속한 삶의 현장에서 센더의 자세를 실천함으로써 하나님의 사랑을 흘려 보낼 수 있을 것이다. 최근에는 우리 주변에서 이주자들을 쉽게 만날 수 있는데 그들에 대한 우리의 마음의 태도는 어떠한지 살펴보고 센터의 삶의 자세인 믿음, 거룩, 희생, 교제의 원리를 그들에게 어떻게 적용할 수 있는지를 고민하여 실천할 수 있는 기회를 찾아봐야 할 것이다.

## 결 론

예수께서 나아와 말씀하여 이르시되 하늘과 땅의 모든 권세를
내게 주셨으니 그러므로 너희는 가서 모든 민족을 제자로 삼아 아버지와 아들과
성령의 이름으로 세례를 베풀고 내가 너희에게 분부한
모든 것을 가르쳐 지키게 하라 볼지어다 내가 세상 끝날까지
너희와 항상 함께 있으리라 하시니라.

(마태복음 28장 18~20절)

이 명령은 우리를 부르시고 선교하시는 하나님의 특별한 초청이다. 우리가 하나님의 말씀에 순종해서 이러한 삶을 살든지 그렇지 않든지 하나님은 여전히 역사하신다. 그러나 하나님은 그 분의 역사를 우리와 함께 이루어 가시길 원하신다. 왜냐하면 우리로 하나님과 동행하는 삶의 비밀을 알게 하시고, 하나님의 영광을 경험하기를 원하시기 때문이다. 이는 세상의 그 어느 것과도 비교할 수 없는 영광스러운 일이다.

주님이 우리를 센더로 부르신 것은 단순히 사역만을 위해서도, 어떤 결과물을 요구하시기 위함도 아니다. 주님은 우리를 사랑하셔서 하나님의 목적을 함께 이루기 위해 우리를 부르셨다. 또한 우리에게 어떠한 부담을 주시기 위해 하신 말씀이 아니라 하나님과 함께 하는 놀라운 기쁨을 누리는 특권을 주시기 위함이다. 나는 주님의 초청에 무엇이라고 응답하겠는가?

**소그룹 나눔**

센더로서의 삶과 자세에 대해 새롭게 깨달은 부분은 무엇인가?

센더의 삶(열정)과 자세(믿음, 거룩, 희생, 교제) 중에 내가 보완해야 할
영역은 무엇이라고 생각하는가?

센더로서 살아가는 나에게 적용해야 할 내용은 무엇인가?

# 센더의 역할과 실천

너희 모든 일을 사랑으로 행하라 고린도전서 16:14

올록(W.H. Ollog)은 동역자를 '하나님의 위임에 의해 선교적 선포라고 하는 공동의 사역을 위해 일하는 사람'이라고 정의하고 있다.[74] 바로 '보내는 선교 동역자'가 센더인 것이다. 신약에는 14명의 이름이 동역자로 나와 있지만, 확대해 보면 백 명에 이르는 많은 이름이 동역자의 범주에 속해 있음을 알 수 있다. 1953년 5월, 에드먼드 힐러리(Edmund Hillary)가 세르파(Sherpa)였던 텐징 노르가이(Tenzing Norgay)의 도움으로 지구에서 가장 높은 산인 에베레스트 정상을 최초로 오를 수 있었던 것처럼 바울의 선교 사역도 센더들의 도움으로 이루어졌다.

'동역자'라는 단어는 성경 원문에 13회 정도 나타난다. 그 중 12회는 바울이, 나머지 한 번은 요한3서에서 사도 요한이 사용하고 있다. 전적

• • •

74  이승호, "중심도시 선교 – 동역자 선교 – 교회 선교: 바울의 선교전략",
    선교와 신학(장로회 신학대학교 세계선교연구원, 2005), p204
75  닐 피롤로, 보내는 선교사, 예수전도단(1989), p22
76  위 여섯 가지 역할 중 후방 지원은 번역서에 '사역 물자 후원'이라고 되어 있는데,
    전체적인 맥락에서 '후방 지원'이라고 사용하는 것이 맞을 것 같아 그렇게 변경하였고,
    다른 내용도 현실에 맞게 약간 수정하였다.

으로 바울이 자신의 선교 사역과 관련하여 의도적으로 사용한 용어가 동역자이다. 바울의 서신서를 살펴보면 선교 사역에서 중요한 역할을 담당했던 선교 동역자인 센더들과 대화하고 있음을 알 수 있다. 바울은 동역자들을 칭찬하고 격려했고, 외로움을 토로하기도 했으며, 때로는 그들을 권면하고 도전했다. 그리고 언제나 그들로 인해 하나님께 감사했다. 자신의 선교 사역은 동역자인 센더의 도움 없이는 이루어질 수 없음을 잘 인식하고 있었다.

## 센더의 역할

닐 피롤로(Neal Pirolo)는 자신의 책 '보내는 선교사'[75]에서 센더의 역할을 아래와 같이 크게 6가지로 구분하여 소개하고 있다.

1. 격려 후원(Moral support): 격려의 말을 전하는 것
2. 후방 지원[76](Logistic support): 사역에 필요한 세세한 사항까지 챙겨주는 것
3. 재정 후원(Financial support): 사역과 생활에 필요한 재정의 필요를 채워주는 것
4. 기도 후원(Prayer support): 가장 중요한 영적전쟁에 동참하는 것
5. 연락 후원(Communication support): 편지, SNS 등으로 선교사와 연락하는 것

6. 귀환 후원(Re-entry support): 사역을 마치고 귀국한 사역자들을
   환영하고 돌보아 주는 것


하지만, 우리는 센더스쿨의 경험을 바탕으로 센더의 역할을 보다 더 잘 이해하기 위해 7가지로 구분하여 설명하고자 한다.


1. 중보기도[77]: 개인 기도, 교회 또는 그룹 정기 기도회,
   선교 단체 기도회

2. 파송 준비 지원: 격려, 중보 및 동역자 그룹 구성

3. 멤버케어 지원: 선교사, 선교사 자녀, 선교사 부모 돌봄

4. 사역 지원: 재정지원, 물자지원, 자원봉사

5. 연락 지원: 이메일, 편지 등 격려, 기도편지 답장

6. 귀환 지원: 안식년 또는 일시 귀국 선교사 재적응, 사역 공유

7. 선교 동원: 훈련 프로그램 기획 및 참여, 선교부서 참여, 미전도 종족
   연구, 선교지 입양


먼저 이 7가지 구분의 특징을 이해하는 것이 중요하다. 첫째, 4강에서 다루었던 선교사의 생애주기(Life cycle)를 고려한 것이다. 각 주기[78]에

---

• • •

**77** 딤전 2:5절을 보면, 하나님과 우리 사이의 중보자는 오직 예수 그리스도 한 분 뿐이시다.
　　그러므로 여기서 말하는 중보기도는 중보자이신 예수 그리스도로서 기도한다는
　　의미가 아니라 예수 그리스도의 마음으로 성도들을 위해서 도고와 간구의 기도
　　(엡6:18; 딤전2:1)를 드리는 것을 의미한다.
**78** 제4강 선교사 이해와 멤버케어, '선교사 생애주기'를 참고하라.

맞는 센터의 역할이 필요한데 '파송 준비 지원'과 '귀환 지원'은 이러한 선교사의 생애주기를 반영한 것이다. 둘째, 선교사를 지원하는 것은 그에 대한 '멤버케어'라 할 수도 있다. 즉, 일반적으로 멤버케어는 위에 나열한 센터의 역할 전부를 포함하는 넓은 의미의 개념이다. 그러나 앞에서 구분한 7가지 역할 중에 나오는 멤버케어는 이러한 넓은 의미의 돌봄이 아니라 아래의 역할에 국한된 좁은 의미의 돌봄이다. 즉, 선교사의 심리적, 정서적 영역과 선교사 부모 및 자녀에 대한 돌봄에 한정된 것임을 말한다. 따라서 여기에서의 멤버케어는 재정후원이나 중보기도는 포함하지 않는다. 이제 7가지 영역에서 센터가 할 수 있는 각 역할이 무엇인지 살펴보자.

## 중보기도: 개인 기도, 교회 또는 그룹 정기 기도회, 선교 단체 기도회

### 중보기도의 중요성

성경에는 기도의 중요성이 수없이 기록되어 있다. 출애굽기 17장은 전방에서 싸우는 여호수아를 위해 기도하는 모세와 아론과 훌의 모습을 통해 중보기도의 중요성을 보여준다. 이스라엘 백성을 위한 모세의 기도(민21장), 제자들을 위한 예수님의 기도(요17장)도 그런 예 가운데 하나이다. 또한 로마서 15장 30절, 빌레몬서 1장 22절, 고린도후서 1장 11절, 에베소서 6장 19절 등에서 바울이 중보 기도를 요청하고 있음을 볼 수 있다. 중보기도는 성령 안에서 여러 성도들을 위하여 간구하는 것을 의미한다(엡6:18).

> 이 땅을 위하여 성을 쌓으며 성 무너진 데를 막아 서서 나로 하여금
> 멸하지 못하게 할 사람을 내가 그 가운데에서 찾다가 찾지
> 못하였으므로 겔 22:30

하나님께서 이스라엘의 선지자, 제사장, 고관들의 불의와 부패를 경고하시며 이를 막아서는(stand in the gap) 중보자를 찾다가 찾지 못하셨음에 대해 에스겔이 기록한 것이다. 시편 106편 23절은 이스라엘 백성이 금 송아지를 만들어 우상으로 섬기는 죄를 범하자 모세가 결렬된 중에서[79] 기도하고 있는 모습을 보여주고 있다. 창세기 18장 23-33절, 출애굽기 32장 11-14절은 아브라함과 모세가 드리는 중보 기도이다. 선교사와 그가 함께하는 현지인들을 위해서 중보하는 것은 센더의 가장 주된 역할 중 하나이다. 왜냐하면 하나님의 전신 갑주를 입고 영적 전쟁을 수행하는 제자들의 가장 강력한 무기가 중보기도이기 때문이다. WEC국제선교회는 '기도가 우리의 최우선 순위이며 다른 모든 사역의 기초가 된다.'는 고백으로 기도의 중요성을 강조하고 있다. 오스왈드 챔버스(Oswald Chambers)는, "기도는 더 위대한 사역들을 하기 위해

• • •

**79** 시106:23, in the breach 또는 in the gap. 개역개정에서는 '어려움 가운데에서' 로 번역하고 있음

**80** 오스왈드 챔버스, 「주님은 나의 최고봉 한영합본(미니북)」, 스데반 황, 토기장이(2010)

우리를 준비시키는 것이 아닙니다. 기도 자체가 위대한 사역입니다."[30] 라고 말했다. 기도의 중요성은 아무리 강조해도 지나치지 않다.

> 선교사와 그가 함께하는 현지인들을 위해서 중보하는 것은
> 센더의 가장 주된 역할 중 하나이다.

## 중보기도의 종류

선교지를 위한 중보기도를 대략적으로 다음과 같이 나누어 볼 수 있다.

- 영적전쟁을 위한 기도(엡6장)

- 추수할 일꾼을 위한 기도(마9: 35-38)

- 복음 돌파를 위한 기도(골4:3)

- 어둠의 권세를 대적하기 위한 기도(마12:29, 고전16:9)

- 선교사를 위한 기도(골1:9-12)

첫째, 영적전쟁을 위한 기도이다. 에베소서 6장은 영적전쟁에서 승리하기 위해 갖추어야 할 전신 갑주에 대해 말하며, 곧이어 기도의 중요성을 언급한다. '모든 기도와 간구를 하되 항상 성령 안에서 기도하고 이를 위하여 깨어 구하기를 항상 힘쓰며 여러 성도를 위하여 구하라'(엡6:18) 영적전쟁을 치루기 위해 전신 갑주로 무장해야 하듯이 계속되는 영적전쟁에서 승리하기 위해 기도로 무장함이 반드시 필요하다.

둘째, 추수할 일꾼을 위한 기도이다. '그러므로 추수하는 주인에게 청하여 추수할 일꾼들을 보내 주소서 하라'(마9:38) 고 말씀하신다. 영국 목사인 휴 파머(Hugh Palmer)는 이것에 대해 '또 다른 주기도문(The other Lord's Prayer)'이라고 표현하고 있다. 주님이 제자들에게 '그러므로 너희는 이렇게 기도하라'(마6:9) 고 기도하는 방법에 대해 가르치신 것과 동일하게 추수할 일꾼을 보내 달라는 기도를 하도록 가르치고 계신 것이다. 이처럼 추수할 일꾼을 위한 기도는 중요하다.[81]

셋째, 복음 돌파를 위한 기도이다. '또 하나님께서 전도의 문을 우리에게 열어 주셔서, 우리가 그리스도의 비밀을 말할 수 있도록, 우리를 위해서도 기도하여 주십시오'(골4:3 새번역)라고 바울은 요청한다. 이 기도는 복음이 들어가도록 문을 여는 도구가 된다.

넷째, 어둠의 권세를 대적하기 위한 기도이다. 복음 전파의 부르심에는 늘 방해하고 대적하는 세력들이 존재하기 마련이다. 바울도 이러한 상황을 '내게 광대하고 유효한 문이 열렸으나 대적하는 자가 많음이라'(고전16:9) 고 했다. 대적하는 자가 많은 상황에서 선교사가 승리하고 복음을 지속적으로 전할 수 있도록 기도에 힘써야 한다.

다섯째, 선교사를 위한 기도이다. 위의 모든 기도가 선교사와 관련이

• • •
**81**  크리스토퍼 라이트, 「하나님 백성의 선교」, 한화룡, IVP(2010), p386

있지만, 아래의 기도는 선교사를 위한 기도의 본보기로, 특별히 밑줄 부분에 선교사의 이름을 넣어 기도하면 좋을 것이다(골1:9-12 현대어성경, 밑줄 부분은 원래 '여러분'이라고 번역되어 있음).

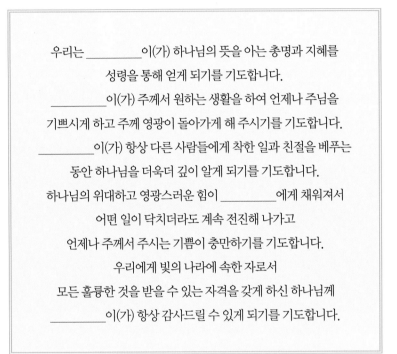

우리는 _____이(가) 하나님의 뜻을 아는 총명과 지혜를
성령을 통해 얻게 되기를 기도합니다.
_____이(가) 주께서 원하는 생활을 하여 언제나 주님을
기쁘시게 하고 주께 영광이 돌아가게 해 주시기를 기도합니다.
_____이(가) 항상 다른 사람들에게 착한 일과 친절을 베푸는
동안 하나님을 더욱더 깊이 알게 되기를 기도합니다.
하나님의 위대하고 영광스러운 힘이 _____에게 채워져서
어떤 일이 닥치더라도 계속 전진해 나가고
언제나 주께서 주시는 기쁨이 충만하기를 기도합니다.
우리에게 빛의 나라에 속한 자로서
모든 훌륭한 것을 받을 수 있는 자격을 갖게 하신 하나님께
_____이(가) 항상 감사드릴 수 있게 되기를 기도합니다.

## 어떻게 기도해야 하는가?

첫째, 직접 보지 않거나 경험하지 않은 상황을 위해 기도하는 것이 막연할 수 있다. 이러한 막연함을 넘어 효과적으로 기도하기 위해 먼저 기도할 각 나라와 미전도 종족을 정하고 구체적으로 그리고 정기적으로 기도하자. 이를 행할 때 미전도종족을 향한 하나님 아버지의 마음을 알

게 되어 더욱 기도하게 된다.

둘째, 개인 기도 시간에 고어와 선교지를 위해 중보하자. 이렇게 개인적으로 고어를 위해 기도하는 것을 통해 하나님의 마음을 더욱 깨닫게 됨으로 함께 모여 하는 교회와 그룹의 기도 시간을 더 의미 있게 만든다.

셋째, 10명 이내의 소그룹으로 만나서 기도하자. 자녀를 포함하여 어른들과 함께 기도하는 소그룹 기도는 센터의 부르심을 서로 격려하고 그 역할을 더 풍성하게 한다. 일반적으로 지속적이고 활성화된 소그룹 기도 모임을 살펴보면 개인, 교회와 나라, 선교지를 위한 기도가 균형있게 진행되고 있음을 발견할 수 있다. 이를 위해 각 소그룹과 교회에 맞는 다양하고 창의적인 전략과 지혜가 필요하다.

---

효과적으로 기도하기 위해 먼저 기도할 각 나라와 미전도 종족을 정하고 구체적으로 그리고 정기적으로 기도하자.

---

넷째, 중보하고 있는 고어에게 주기적으로 연락하여 구체적인 기도 제목을 받아 함께 기도하자. 또한 기도의 응답이 어떻게 진행되었는지 고어에게 물어본다면 그도 더욱 열의를 가지고 기도를 요청하게 된다. 사도 바울도 자신과 사역에 대해 구체적으로 기도를 요청하는 것(고후 1:8-11)을 볼 수 있다. 이것은 사도 바울과 동역자들과의 친밀한 관계 가

운데에서 나온 자연스러운 기도 요청이었을 것이다. 고어는 수시로 기도 요청의 필요가 있을 것이다.

다섯째, 성령의 인도하심을 따라 영적전쟁에 임하는 자세로 기도하자. 늘 깨어 있는 기도의 삶은 성령의 인도하심과 말씀을 따라 기도하게 한다(엡6:18; 롬8:26; 유1:20). 주어진 기도 제목에 충실하게 기도하면서도 그분의 인도하심에 따른 성령의 중보에 함께 동참하는 은혜는 우리의 기도를 더욱 풍성하고 힘있게 할 것이다.

마지막으로, 교회와 선교 단체에서 정기적으로 진행하는 선교를 위한 기도회에 참석하자. 이는 교회의 선교 방향을 이해하고 변화하는 선교지의 상황을 파악하는 데 도움이 될 뿐 아니라 개인 및 소그룹의 모든 기도가 선교지의 변화를 이해하고 같은 마음으로 중보하게 된다.

## 파송 준비 지원: 격려, 중보 및 동역자 그룹 구성[82]

선교사가 되는 첫 단계는 선교로의 부르심을 확인한 후 훈련을 받고 동역자와 중보자를 세우며, 교회와 소통하여 파송의 절차를 밟는 것이다. 이는 길고 쉽지 않은 과정이다. 이 단계에서 마음을 확정하고 준비하는 지원자에게 필요한 것은 격려와 기도이다. 아볼로가 새로운 지역

• • •
82  제4강 선교사 이해와 멤버케어를 참고하라.

으로 떠날 때 주위에서 보여준 모습이 바로 격려였다.

> 아볼로가 아가야로 건너가고자 함으로 형제들이 그를 격려하며
> 제자들에게 편지를 써 영접하라 하였더니 행 18:27

바나바와 사울을 파송하는 안디옥 교회의 모습에서 많은 것을 배울 수 있다. 두 사람을 보내기 위해 안디옥 교회는 예배하고 금식하며 기도한 후 안수하여 보냈다(행13:2). 이는 끝까지 격려하며 함께 가는 팀이 되어 고어에게 닥칠 상황을 센더가 함께 고민하고 헤쳐 나간다는 것을 의미한다. 그런데 선교지로 나가고자 준비하는 지원자에게 격려 대신 염려하는 말을 하거나 부정적인 조언을 하는 경우도 있다. 윌리엄 캐리(William Carrey)가 선교를 결단했을 때 "젊은이, 자리에 앉게나. 하나님께서 이방인들을 회심시키기를 원하시면 그분은 자네나 나의 도움 없이 그 일을 하실 수 있다네"라며 말렸던 존 라일랜드(John Ryland) 목사의 예[83]도 있다. 지금 이 시대에도 "우리 공동체에서 아직 할 일이 너무 많다", "안정이 된 후에 선교를 해도 늦지 않다"고 말하는 사람도 있다. 그리고 결혼, 출산, 아이들 교육 문제, 남겨질 부모를 비롯한 가족의 상황을 얘기하며 염려 섞인 조언을 하곤 한다.

그러면 어떻게 격려하는 것이 좋을까? 먼저 격려는 센더가 하나님과의 깊은 교제 가운데 있을 때 가능 하다(요20:21). 우선적으로 지원자의 말을 경청한다. 센더는 지원자의 상황에 관한 인간적인 염려나 조언 보다

는 하나님께 기도하고 말씀에 의지하여 지원자가 온전하게 순종하도록 격려한다. 또한 '선교는 교회와의 연합 사역'이라는 것을 강조하여 지속적으로 교회와 동역하도록 격려한다. 그리고 무엇보다도 센터가 지원자를 알고 있는 성도들을 모아 중보 기도의 그룹을 만들어 주는 것도 참으로 중요하다. 이러한 격려는 선교를 결단하고 준비하는 지원자를 위한 센터의 사역이다.

## 멤버케어[84] 지원: 선교사, 선교사 자녀(MK), 선교사 부모 돌봄

이것은 제4강에서 언급한 멤버케어의 큰 범주 안에 포함되는 것이나 여기서 말하는 돌봄은 서두에서 언급한 바와 같이 좁은 의미의 돌봄이다. 즉, 선교사의 정서적, 심리적 문제에 대한 상담, 선교사 부모와 선교사 자녀에 대한 돌봄에 국한된 것이다. 우선 센터의 역할로 선교사의 심리 상담을 들 수 있다. 직접적으로는 전문적인 상담 지식이나 경험이 필요한 분야이기도 하지만, 단순하게 어려움을 당한 선교사들을 위해 회복할 수 있는 휴식처를 제공하거나 전문 상담가를 소개하는 역할도 할 수 있다. 또한 사망이나 사고 등과 같은 선교사 및 그 가족이 겪는 어려움, 본국에서 선교사와 관련하여 발생한 세금이나 법적인 문제를 도와 관리하고 해결해 주는 것도 매우 중요한 역할 중 하나이다. 선교사 멤버

• • •

83   패트릭 존스톤, 『교회는 당신의 생각보다 큽니다』, 유병국, 이창규, WEC출판부(1999), p46

84   제4강 선교사 이해와 멤버케어, '선교사자녀(MK) 돌봄'을 참고하라.

케어에 관하여서는 이미 4강에서 다루었기에 여기서는 자녀와 선교사 부모에 관한 돌봄을 간단히 설명하려 한다.

> 센더로서 선교사를 직접 돌볼 수 있지만,
> 선교사의 가족 특히 부모와 자녀를 돌보는 일에 참여하는 것도
> 매우 중요한 역할이다.

센더로서 고어를 직접 돌볼 수 있지만, 고어의 가족 특히 부모와 자녀를 돌보는 일에 참여하는 것도 매우 중요한 역할이다. 먼저 선교사 자녀(Missionary Kids, MK) 돌봄에 대해 살펴보자.

## MK(선교사 자녀)에 대한 이해

한국교회는 MK에 대한 이해가 비교적 낮은 편이다. 왜냐하면 한국교회가 선교사를 파송할 때 그 가정 전체를 선교지로 보낸다고 생각하지 않고 일반적으로 부모 선교사에만 초점을 맞추는 경향이 있기 때문이다. MK에 대한 이해와 관심이 부족하기에 때로는 이들에 대해 오해하는 경우도 있다. 예를 들어 MK가 해외에서 외국어를 배우고 또 다양한 경험을 쌓을 수 있다는 가시적인 측면만 보고 그 뒤에 숨겨진 많은 아픔들을 간과한다. 왜냐하면 언어와 문화가 다른 선교 현장의 환경에서 적응하며 살아간다는 것이 일반적인 경험은 아니기 때문에 센더의 입장에서는 이해하는 것이 쉽지 않다. 또한 대부분의 부모 선교사도 MK로 살아보지 못했기에 본인들의 자녀를 이해하는 데 어려움을 겪곤 한다.

부모 선교사와 마찬가지로 자녀도 똑같이 그 힘든 시간들을 지나야 하며 때로는 부모보다 더 힘든 시간을 보내기도 한다. 부모는 하나님의 부르심에 따라 훈련을 받고 오랜 준비 기간을 거친 후에 선교지를 밟지만 자녀는 충분한 준비 과정 없이 부모를 따라감으로 문화와 언어로 겪는 충격이 더 클 수도 있다.

현지 언어가 익숙하지 않고 외모가 다르기 때문에 자녀들이 겪는 고통 중의 하나는 따돌림이다. 또한 문화 적응의 미숙함과 외로움으로 선교지에 적응하는 데 많은 어려움을 겪는다. 차츰 시간이 지나면서 선교지 문화에는 익숙해지나 고국의 문화와 언어를 잊어버리게 되는 등의 이유로 한국인으로서의 정체성마저도 흔들리게 된다. 이러한 경우 선교지나 고국을 자신의 나라로 느낄 수 없기 때문에 소속감을 갖는데 어려움이 있다. 이러한 상황들이 MK에게 큰 상처와 혼란스러움을 준다는 사실을 인식하고 한국 교회가 이들을 보다 더 이해하려는 마음을 가져야 할 것이다. MK가 가지는 여러 도전들을 여기에 모두 언급하기에는 역부족이다. MK를 위한 선행된 이해와 그들이 겪는 도전을 공감해 주는 일들이 한국 교회에서 많이 있기를 소망해 본다.

## 선교사 자녀(MK)를 위한 센터의 역할

MK를 이해하고자 하는 바른 관심을 보이는 것은 중요하다. 때로는 관심을 가진다는 것을 MK를 불쌍하게 여기는 것으로 오해하는 경우가 있다. MK가 선교지에서 여러 어려움을 겪고 있는 것은 사실이지만 불쌍한 것은 아니다. 그러나 이들에게 돌봄이 필요한 것은 사실이다. 예를 들어 선교사 가정이 귀국할 경우 부모들은 선교 보고와 기도 동역자들을 만나느라 바쁜 시간을 보내게 된다. 이때 센더는 자녀들이 그 시간을 유용하게 잘 보낼 수 있도록 돌볼 수 있다. MK가 고국의 문화를 배울 수 있도록 고궁이나 박물관 등지에 함께 가거나, 그동안 먹고 싶었던 한국 음식을 먹으며 마음을 나누는 교제의 시간을 가지는 것도 좋은 방법이다. MK는 한국을 떠나 살고 있지만 분명히 한국인이다. 고국을 방문할 때 센더로서 그들을 잘 돌보아 준다면 고국을 좀 더 친근히 여기게 되고 낯선 나라로 생각하여 고국과 관계되는 자신의 정체성의 혼란을 줄일 수 있다. 나아가 선교지에 돌아간 MK와 계속 연락을 주고받으며 지속적인 관심을 가져 준다면 선교지에서 외롭고 힘들 때마다 큰 격려가 될 것이다. 이 외에도 한국어 교육을 위한 자원과 도서 지원, 학교 진학에 대한 안내, 한국 문화와 역사에 대한 이해, 한국 교회의 적응과 또래 친구 만들기, 심리 상담 지원 등으로 이들을 돌볼 수 있다.

## 선교사 부모를 위한 센더의 역할

한국 교회의 선교 역사가 길어짐에 따라 선교사 부모의 나이도 많아지고 있다. 어느 날 돌아와 보니 고어는 부쩍 연로하신 부모님을 뵙고 자신이 불효자가 되어 있는 것처럼 느낀다. 집안의 다른 가족들로부터 받는 환대도 있지만 그동안 그들이 부담해 온 물질적, 육체적, 심리적 수고에 더욱 미안한 마음이 드는 것도 사실이다. 또한 고어 자신이 부모님을 위해 해 드릴 수 있는 것이 지극히 제한됨을 느끼며 더욱 마음이 힘들어진다. 이러한 고어의 심적인 부담감을 이해하고 센더가 실제적인 도움과 조언을 준다면 이것은 큰 힘이 될 것이다.

국가에서 시행하고 있는 노인 복지에 관한 도움이나 제도를 안내해 주거나 실제적으로 동행해서 낯선 행정절차를 도울 수 있다. 부모님의 생신이나 성탄절에 선교사를 대신하여 작은 선물과 카드를 보내준다면 그 부모는 선교사인 자녀로 인해 센더로부터 받는 사랑으로 감동하게 될 것이다. 돌보아 줄 다른 가족이 없는 선교사 부모를 센더가 주기적으로 방문하고 특별한 날에 함께 시간을 보내 주는 것은 큰 의미가 있고 고어에게는 말할 수 없는 위로가 된다. 선교사 부모가 요양원과 같은 생활 시설에서 생활하고 있다면 안부를 물어주고 방문해서 필요를 채워주는 것 또한 큰 격려와 힘이 될 것이다.

또한 여전히 믿지 않는 부모가 있다면
지속적인 기도와 복음 증거로 그들을 그리스도께로 이끄는 것도
센더의 중요한 역할이다.

## 사역지원: 재정지원, 물자지원, 자원봉사

사역지원의 분야에서 선교사들을 돕는 방법은 크게 재정지원, 물자지원, 그리고 자원봉사로 나눌 수 있다.

## 재정지원

재정은 성경에서 중요한 주제로 다루고 있다. 성경은 재정에 대해 2,350여 개의 절에서 언급하고 있으며, 예수님의 38개 비유 중 16개가 재정에 관한 것이다. 바울은 빌립보서 4장 14절에서부터 20절까지를 통해 재정에 대한 그의 견해를 말하고 있다. 빌립보 교회에서 받은 세 차례의 재정 후원에 대하여 감사를 표하고 있으며, 빌립보 교인들은 거듭 재정으로 후원함으로써 바울과 함께 복음 안에서 교제를 나누었다. 한편 15절을 보면 '주고 받는 일(in the matter of giving and receiving)'이라는 표현을 통해 바울이 빌립보 교회로부터 일방적인 도움을 받은 것이 아니라 자신의 복음 전파로 인한 축복을 빌립보 교인들에게 나누고 있음을 말하고 있다. 또한 재정과 관련된 오해가 발생하지 않도록 주의를 기울였다. 마지막으로 바울은 재정적 도움을 준 빌립보 교인들에게 하나님의 풍성한 물질적 축복이 있을 것임을 말한다.[85]

그리스도인은 선교 헌금이나 특별 목적 헌금과 같이 재정으로 섬긴다. 그러나 센더의 역할의 관점에서 재정지원은 단순히 이와 같은 헌금

> 센더의 역할의 관점에서 재정지원은
> 선교 사역에 대한, 또는 선교사에 대한 거룩한 부담감으로
> 기쁘게 자신의 것을 드리는 것을 의미한다.

• • •
**85** 크리스토퍼 라이트, op. cit., p323-324를 요약하였다.

을 의미하는 것만은 아니다. 선교 사역에 대한, 또는 선교사에 대한 거룩한 부담감으로 기쁘게 자신의 것을 드리는 것을 의미한다.

### 그러면 재정지원은 어떤 자세로 해야 할까?

첫째, 기쁜 마음으로 한다. 바울은 로마서 15장 26절에서 마게도니아와 아가야 사람들이 예루살렘 성도 중 가난한 사람들을 위해 기쁘게 헌금하였음을 말하고 있다. 재정적 지원이 마지못해 이루어지는 것이 아니라 기꺼이 행해지고 있음을 보여준다.

둘째, 빚진 자의 마음으로 한다. '저희가 기뻐서 하였거니와 또한 저희는 그들에게 빚진 자니 만일 이방인들이 그들의 영적인 것을 나눠 가졌으면 육적인 것으로 그들을 섬기는 것이 마땅하니라'(롬15:27) 여기서 재정에 대한 바울의 견해를 볼 수 있다. 이미 빌립보서 4장에서 살펴보았듯이 재정지원을 영적인 축복에 대한 빚을 갚는 행위로 보고 있는 것이다. 빚진 자이기에 갚는 것은 마땅하다는 것이다. 헬라어로 '마땅하다'는 '오페일로'(opheilo, ὀφείλω)인데 이는 '빚지다'라는 헬라어 어원과 같다. 유사하게 영어 단어 obligation에도 채무라는 의미와 책무(마땅히 해야 할 일)라는 의미가 동시에 있다. 바울의 이러한 인식은 요한에게도 발견된다. 요한3서 1장 8절에서 요한은 교회가 순회 선교사 또는 전도자들을 영접하는 것, 다시 말해 돌보아 주는 것은 주의 일에 동역하기 위해 마땅하다(opheilo, ὀφείλω)고 강조한다.

셋째, 어려움, 고난, 괴로움에 동참하는 마음으로 한다. 바울은 빌립보서 4장 14절에서 이러한 마음에 대해 칭찬하며 격려하고 있다. 글라우디오 황제 때 큰 흉년으로 말미암아 어려움을 겪고 있던 예루살렘 교회를 위해 바나바와 사울 편에 구제 헌금을 보낸 것에서 고난에 동참하는 마음을 엿볼 수 있다(행 11:29-30).

넷째, 지속적으로 한다. 빌립보 교인들은 바울을 위해 여러 차례 재정의 도움을 주었다(빌 4:16). 여러 상황 가운데 지속적으로 재정으로 돕는 것은 쉽지 않기에 공급하시는 하나님의 은혜를 더욱 간구하는 센더의 자세가 필요하다.

**이제 재정지원의 구체적 방법에 대하여 살펴보자.**

첫째, 개인이 직접 지원하는 방식이 있다. 개인적인 관계가 있거나 지원받는 선교사의 사역이나 생활에 대해 잘 이해하는 경우에 해당된다. 둘째, 교회나 단체를 통해 지원하는 방식이 있다. 교회를 통한 지원은 교회의 선교 예산에 포함되어 교회가 필요로 하는 곳에 지원되는 형태가 일반적이다. 한편 선교 단체를 통해 선교사 개인의 사역과 생활을 지원하는 경우이다. 물론 특정 프로젝트나 선교사를 선정하여 헌금할 수도 있다. 마지막으로 선교 단체를 위한 지원으로 선교 사역에 동참할 수 있다.

재정 후원은 후원 그 자체로 끝나는 것이 아니다. 다시 말해, 보낸 헌금이 제대로 사용되고 있는지, 헌금이 선교 사역에 바르게 사용되고 있는지, 선교 단체를 통해 헌금이 이루어진 경우 그 단체는 선교 후원금을 현장 사역과 행정 처리 비용에 각각 어떤 비율로 사용하는지 등에 대해 정기적으로 점검하는 것이 중요하다. 헌금이 사역 현장에서 효과적으로 쓰이도록 하는 것이 헌금하는 것만큼 중요하기 때문이다.

무엇보다도 센더로서 재정을 지원함에 있어 자신의 생활 방식을 점검할 필요가 있다. 현장에서 사역하고 있는 선교사의 생활 방식에 대해서는 교회 안팎에 여러 의견들이 있다. 지나치게 풍요롭게 생활하거나 재정 사용을 규모 없이 하는 것들이 이에 해당될 수 있다. 선교사가 하나님 앞에서 거룩함으로 재정을 관리하고 사용해야 하듯이 센더도 재정적인 면에서 선교사와 동일한 마음 자세(제5강 참조)로 먼저 그 나라와 그 의를 구하는 삶을 살고 있는지 점검하며 후원해야 한다. 센더도 적은 것을 가지고도 규모 있는 삶을 살며 주신 물질로 하나님 나라를 위해 더 지혜롭고 창의적으로 재정을 사용할 수 있다.

### 물자지원

재정지원과 더불어 센더로서 선교 사역에 조력하는 또 다른 하나의 방법은 사역 물자를 지원하는 것이다. 이것은 선교사가 현지에서 사역하는 데 필요한 여러 물품을 지속적으로 책임감 있게 보내주는 것이다. 선교지에서 구하기 어려운 도서, 물품, IT 기기나 부품을 포함한 필요를 파악하고 지원하는 것이다. 국제 우편이나 인편을 통해 지원할 수도 있고, 단기로 선교 현장을 방문할 경우 준비해 가는 것도 좋은 방법이다.

## 자원봉사

선교 사역을 지원하기 위해 재정을 후원하는 것만큼 중요한 것이 사역을 직접적으로 돕는 것이다. 선교 단체의 본부 사역을 도울 수 있고 선교지를 방문하여 섬길 수도 있다. 선교 단체나 선교 현장에서 필요로 하는 분야는 매우 다양하다. 예를 들어 어느 선교 단체의 경우 주간이나 월간 단위로 1~2회 식사 준비를 도와주는 자원봉사자들이 있다. 본부에서 사역하는 외국인 선교사를 위해 기도지를 번역해 줄 수도 있고, 안식년 선교사를 위해 머물 수 있는 공간을 제공하거나 선교지를 방문하여 필요한 현장 교육(on-the-job training)[86]이나 컨설팅을 제공할 수도 있다. 센더가 정식으로 선교사가 되는 절차를 거쳐 선교 단체의 소속으로 사역하지 않더라도 봉사나 섬김을 더 의미 있게 하기 위해서는 그 단체의 역사와 정신 또는 가치에 대해 이해하는 것이 필요하기에 주어지는 오리엔테이션이나 훈련에 참여하는 것을 권유한다.

많은 사람들은 선교를 위해 할 수 있는 봉사 분야나 은사가 없다고 말한다. 그러나 자신에게 섬길 수 있는 어떤 자원과 은사가 있는지 잠시만 생각해 보아도 쉽게 알 수 있다. 자신의 선반(RACK)에 놓여있는 것을

• • •

86  바리스타 교육, 이미용 기술, 재봉, 자동차 정비, IT 교육 등

살펴보자. RACK는 각각 자원(Resources), 태도(Attitude), 능력(Competencies), 지식(Knowledge)을 말한다. 각각 아래와 같은 것들이 각 영역에 속한다.

R(자원): 시간, 재정, 여유 숙소, 건강 등

A(태도): 인내, 온유, 겸손, 화평, 관용 등

C(능력): 분석, 기획, 행사 진행, 가르침, 동원 등

K(지식): 상담, 세무, 회계, IT, 미용, 조리, 언어 등 전공과 그에 준하는 지식

때로는 C(능력)과 K(지식)을 구별하기 쉽지 않을 수 있지만 다음과 같이 구분하면 이해하기 쉽다. 즉, 어떤 것을 아는 것(지식)과 그것을 효과적으로 전하고 가르치는 것(능력)은 다른 것이다. RACK 각각에 본인이 가지고 있는 하나 내지 두 개의 요소들을 적어보자. 그것으로 많은 분야에 동역하고 도움을 줄 수 있다.

우리 모두는 자기가 갖고 싶은 재능이 아니라
갖고 있는 재능을 발휘할 책임이 있다.

해돈 로빈슨(Haddon Robinson)의 〈성경적인 의사 결정법〉에 나오는 다음의 얘기를 되새겨 볼 필요가 있다. 어떤 바이올린 연주자에게

벽돌 쌓는 일을 하는 형이 있었다. 하루는 어떤 여자가 형에게 와서 이렇게 수다를 떨었다. "당신의 동생이 유명한 바이올린 연주자라면서요? 그렇게 유명한 음악가와 한 식구라니 정말 좋겠어요." 그리고는 이 형을 무시하는 것이 아니라는 듯 이렇게 덧붙였다. "아. 물론 사람들은 저마다 가진 재주가 다르죠. 한 식구 중에서도 재능이 많은 사람이 있는 법이니까요." 그러자 벽돌공인 형은 이렇게 말했다. "물론이지요. 내 동생은 벽돌 쌓는 일에 대해서는 하나도 모르지요. 만약에 동생이 바이올린을 연주해서 돈을 벌지 못하면 나 같은 사람을 고용해 집을 지을 수가 없어요. 동생이 직접 벽돌을 쌓았다간 집이 무너지고 말 거예요." 우리는 자기가 갖고 싶은 재능이 아니라 갖고 있는 재능을 발휘할 책임이 있다.[87]

지금까지 사역을 지원하는 것을 재정지원, 물자지원, 자원봉사 3가지로 나누어 살펴보았다. 오스왈드 챔버스(Oswald Chambers)는 〈주님은 나의 최고봉〉에서 다음과 같이 쓰고 있다. "아무것도 쌓아 두지 말라. 당신이 가진 최선의 것을 쏟아 놓으라. 항상 가난하게 되라. 하나님이 주시는 보물을 가지고 외교를 하거나 소심해 말라. 모든 것을 다 쏟아 주는 것이 궁핍의 승리(Poverty Triumphant)이다."[88] 이것은 재정적인 측면만 아니라 우리가 가진 시간이나 재능 관점에서도 고려해 볼 만하다.

• • •

**87**  해돈 로빈슨, 『성경적인 의사결정법』, 김창동, 디모데(1991), p109
**88**  오스왈드 챔버스, op. cit., 6월26일

## 연락 지원: 이메일, 편지 등 격려, 기도 편지 답장

　앞에서 살펴본 센더의 다른 역할, 즉 중보기도, 돌봄, 사역 지원 등에 비해 연락 지원은 덜 중요하다고 생각할 수 있다. 그러나 성경에서 연락하는 역할을 중요하게 기록하고 있으며, 선교사와 후원교회나 성도간의 소통을 위해서도 이 역할은 경시되어서는 안 된다. 선교지에서의 삶과 사역을 나누고 기도를 요청하는 것은 선교사가 새로운 힘을 제공받는 수단이기 때문이다.

　로마서 16장의 첫 절은 겐그레아 여자 집사인 뵈뵈의 이름으로 시작된다. 그는 바울 신학의 집대성인 로마서를 로마 성도들에게 전달한 사람이다. 바울의 영적 아들인 디모데도 연락 지원의 역할을 맡았던 적(살전 3:6)이 있다. 사도행전 18장의 에베소 형제들도 연락 지원의 대표적인 모습을 보여준다(27절). 연락을 통한 지원으로 바울의 사역을 돕는 일들이 곳곳에 일어났고 그곳의 믿는 자들에게 많은 유익을 주었음을 성경은 기록하고 있다.

　초대교회 시기와는 달리 오늘날에는 사회관계망(Social Media)이나 인터넷 전화 등을 통해 선교지와 소통할 수 있다. 센더는 하나님께서 자신의 삶에 어떻게 역사하고 계시는지 나누고, 선교사 마음에 있을 수 있는 어려움에 관심을 갖고, 기도 편지에 답장을 하는 것으로 선교사역에 동참할 수 있다. 이를 통해 기도 편지를 보낸 선교사가 자신을 위해 기도하고 격려하는 중보자와 동역자가 있다는 것을 다시 한번 확인하게 됨으로써 어려움과 고난을 넘어 하나님의 사역을 지속하게 된다. 소통의 수단이 다양해짐에 따라 주의해야 할 것도 많다. 특히 보안지역에서 사역하고 있는 사역자와 연락을 취하는 경우, 사전에 안전한 소통 방법에 대해 서로 공유하여야 하며, 긴급한 경우 선교단체를 통해 연락을 취하는 것이 좋다.

중요한 것은 선교사가 보낸 기도 편지를 읽고 편지 내용에 따라 기도하며 소통하는 것이다.

## 귀환 지원: 안식년 또는 귀국 선교사 재적응, 사역 공유

안식년이나 여러 이유로 귀국한 선교사들은 한국 재적응에 어려움을 겪을 수 있다. 일반적으로 성도들은 선교사가 본국으로 돌아왔기 때문에 괜찮을 것으로 생각하고 큰 관심을 기울이지 못한다. 그러나, 일상생활의 차이, 후원 교회의 변화, 물가 차이, 귀국 후 후원 중단, 급변하는 본국의 제도나 기술 등에서 오는 어려움은 생각보다 크다. 센더에게는 익숙한 공공시설이 고어에게는 낯선 것이기에 차분히 설명해 주는 것도 도움이 된다. 또한 공식적인 사역 보고가 아닌 속 마음을 나눌 수 있는 기회가 더 주어지면 관계가 개인적으로 친밀해져서 고어가 편하게 적응해 갈 수 있도록 돕게 된다. 이러한 고어의 마음과 상황을 잘 이해하고 편하게 돌봐 주는 센더의 역할은 매우 중요하다. 더불어 선교지에서는 본국과는 달리 영적 성장과 문화를 누리는 기회가 쉽지 않기에 안식년 선교사에게 이러한 필요를 채워주는 여러 프로그램을 소개하는 것도 좋은 방법이다.

## 선교 동원: 훈련 프로그램 기획 및 참여, 선교 부서 참여, 미전도 종족 연구, 선교지 입양

최근 들어 한국 선교에 여러 변화가 감지되고 있다. 선교사로 헌신하는 연령대가 높아지고 있다는 것도 그 변화 가운데 하나이다. 수명이 늘어나면서 시니어 선교사, 자비량 선교사의 비중이 높아지고 있는 반면, 청년들이 선교에 헌신하는 모습은 점차 찾아보기가 어려워지고 있다. 이러한 선교 환경을 고려하면, 선교에 가장 크게 기여할 수 있는 센더의 역할로 선교 동원을 말하지 않을 수 없다. 동원은 선교를 위해 필요한 자원을 세우고 보내는 것이다. 동원을 위해 선교 단체가 선교 부스를 운영하는 경우 선교를 향한 마음이 있거나 기도하고 있는 주위 사람들과 함께 그곳을 방문하여 필요한 정보를 얻는 것에서부터 전 세계 선교 동향을 파악하고 미전도 종족에 대해 연구, 입양, 기도하는 모든 것이 동원과 관련된 센더의 역할이다.

우선 선교 전략에 참여하는 방법이 있다. 전 세계 선교 동향을 기초로 미전도 종족에 대하여 연구, 입양, 기도하는 것이 여기에 속한다. 이를 위해 관련된 자료를 찾아 조사하고 연구하는 것이 필요하다. 대표적인 것으로 미전도 종족 입양 운동 사이트, 여호수아 네트워크, 선교 한국, 아라비아반도 네트워크, 세계기도정보 등을 들 수 있다. 최근에는 발간물만 아니라 모바일 앱으로도 접할 수 있는 좋은 자료들이 있다. 이것은 각 종족에 대한 정보와 함께 관련 기도의 내용도 담고 있다. 래디컬의 저자 데이비드 플랫(David Platt)은 자신의 기도 생활에 가장 크게 영향을 준 책으로 성경 다음으로 세계기도정보(Operation World)를 언급하고 있다.[89] 그러나 자료를 통해 얻는 정보는 현장성을 담보하기에 한계가 있다. 따라서 보다 실질적이고 구체적인 조사와 연구를 통한 종족 입양을 위해서는 선교 단체와의 동역과 현지에 사역하고 있는 선교사와의 만남 그리고 선교지 방문이 필요하다.

전 세계 선교 동향을 파악하고 미전도 종족에 대해 연구, 입양, 기도하는 모든 것이 동원과 관련된 센더의 역할이다.

궁극적으로 조사와 연구를 통해 선교지를 입양하고 기도하는 것도 중요하다. 자신의 마음에 주어진 종족을 품고 그 종족을 다른 이들에게 소개하며 함께 섬길 동역자를 세우는 것이 센더의 역할 중 하나이다. 섬기는 교회에서 입양한 종족이 있다면 같은 마음으로 품어 보자. 이와 더

• • •
89   데이비드 플랫, 『래디컬』, 최종훈, 두란노서원(2011), p248

불어 교회의 선교 부원으로 섬기거나 선교 부서 모임에 정기적으로 참여하는 것, 그리고 좋은 선교 훈련 프로그램에 참여하거나 그것을 선교 관심자에게 소개하는 것, 나아가 이미 훈련을 받은 선교 훈련 프로그램의 조장이나 돕는 자로 섬기는 것도 센더로서 참여할 수 있는 사역이다.

**결 론**

지금까지 센더의 역할에 대해 7가지 영역에서 살펴보았다. 이제 이러한 역할을 실천하기 위해 어떻게 하는 것이 효과적인지 생각해 보자. 첫째, 우선 보내는 자로서 먼저 부흥을 경험해야 한다. 하나님의 마음을 알고 예수 그리스도를 사랑하는 삶을 추구해야 한다. 둘째, 자신에게 주어진 은사를 소중하게 여기고 활용해야 한다. 은사 테스트를 통해 이를 확인할 수 있다. 셋째, 개인적으로 실천하는 것도 좋지만 팀을 이루어 서로 격려하며 함께 하는 것이 더 효과적일 수 있다. 넷째, 거창한 것을 생각하며 미루지 말고 오히려 작은 것부터 당장 시작한다. 마지막으로 교회 선교부나 이주자 사역, 단기 사역 등 실제 활동에 적극적으로 참여한다.

현장에서 전적으로 선교사로서 살아가는 고어와 국내에서 신실한 신앙인으로 살면서 땅끝을 지향하는 그리스도인 센더는 본질적으로 제자로서 같은 부르심을 받은 이들이다.

현장에서 전적으로 선교사로서 살아가는 고어와 국내에 신실한 신앙인으로 살면서 땅끝을 지향하는 그리스도인 센더는 본질적으로 제자로서 같은 부르심을 받은 이들이다. 다만 각자에게 주신 직임의 특성을 따라서 하나님 나라를 위해 함께 동역하는 역할의 다름에 차이가 있을 뿐이다. 우리 모두는 제자로서 모든 민족을 제자 삼는데 부르심 받았다. 이러한 부르심을 이루기 위해 예수님과 연합된 삶으로 자신의 은사를 살려 다양한 역할로 하나님의 선교에 동참하는 센더로 살아가자.

**소그룹 나눔**

'센더의 역할' 중 새롭게 배운 부분은 무엇인가?

센더로서 발견한 자신의 은사는 무엇이며 어떻게 활용할 수 있겠는가?
교회 공동체에서 함께 할 수 있는 센더의 역할은 무엇인가?

센더의 역할을 감당하려고 할 때 어려움은 무엇이며, 그것을 어떻게
해결할 수 있는가?

# 센더(Sender)에 대한 개념 이해

센더스쿨 훈련을 받는 사람들을 위해 편의상 타문화권 선교지로 나가는 자를 '고어(Goer)'라 하고, 그들을 보내는 자를 '센더(Sender)'라고 정의했다. 센더스쿨에서 사용하는 '센더'라는 용어가 익숙하지 않을 수도 있기 때문에 이러한 구분이 성경적인지, 혹은 시대에 맞는지에 대해 질문을 하는 경우도 있다. 이에 센더에 대한 개념을 설명하고자 한다.

센더라는 용어에 대해 아래와 같은 오해가 있을 수 있다.

첫째, 모든 그리스도인은 예수 그리스도에 의해 세상에 보내진 제자들이기에 센더와 고어를 구분할 필요가 없다.

둘째, 선교사는 하나님이 보내는 것이지 사람이 보내는 것이 아니다. 그러므로 마치 센더가 선교사를 보내는 듯한 인상을 주는 것은 성경적이지 않다.

셋째, 최근 'From anywhere to everywhere'가 강조되는 선교의 흐름 속에서 센더와 고어를 나누는 것은 시대를 읽지 못하는 생각이다.

이 의견들 속에는 이해되는 부분도 있지만 **이 책에서 센더라는 용어를 어떤 의미로 사용하고 있는지를 설명하고자 한다.**

첫째, 기본적으로 모든 그리스도인은 예수 그리스도에 의해서 세상으로 보내진 제자들이다. 그러나 선교를 타문화권으로 가서 복음을 전하는 것이라면, 선교지로 나가는 자와 본국에서 지역 교회를 섬기는 성도들로 구분할 수 있다. 이러한 현상을 고려하지 않고 모두가 세상에 보내진 제자로서의 삶으로만 본다면 지역 교회 성도들이 해야 하는 고유한 선교적 역할이 간과되어지는 문제가 발생하게 된다. 실질적으로 지역 교회와 센더의 선교적 역할이 없이는 선교사 고유의 사역도 어려움을 겪게 된다. 파송 교회나 성도들에 의해서 선교사들이 물심양면으로 지원받게 되는 것이 현실이며 또한 그래야 성경적인 것이다. 초대 교회 때에는 선교 활동을 하는 바울과 그를 위해 기도하고 협력하는 교회들 사이에 밀접한 선교적 관계와 협력이 존재했었다.

그러나 그동안의 한국 교회 선교는 선교사가 선교지로 나간 이후 성도들 중 소수의 사람들만이 선교에 관심을 갖고 선교사들을 지원하며 협력하는 모습을 보게 된다. 이것은 성경이 말하는 건강한 선교의 모습이 아니다. 그러므로 예수 그리스도께서 우리 모두를 세상에 보내셨다는 의미를 바르게 이해하고 그 안에서 선교적 완성을 위하여 센더와 고어의 정체성과 역할을 구분하여 설명해 주는 것이 보다 건강한 선교를 감당할 수 있게 한다.

둘째, 선교사는 하나님이 보내시는 것이지 사람이 보내는 것이 아니다. 그러므로 마치 센더가 선교사를 보내는 듯한 인상을 주는 것은 성경적이지 않다고 생각하는 사람들이 있다. 물론 모든 선교는 하나님이 하시고 본질적으로 선교사를 보내시는 분도 하나님이시다. 왜냐하면 성령의 역사가 없다면 선교는 일어날 수 없기 때문이다. 또 어떤 이들은 사도행전 13장의 안디옥 교회 성도들이 바울에게 안수하며 보내는 장면(3절)이 나오는 한글 성경의 '보내다'라는 표현의 원문인 '아폴뤼오($\alpha\pi o\lambda \upsilon \omega$)'의 의미가 보내다가 아니라 '놓아주다, 풀어주다, 가게하다'라는 의미라고 하면서 안디옥 교회가 바울과 바나바를 보냈다는 한글 성경의 표현은 옳지 않다고 한다. 따라서 선교사는 성령 하나님이 보내시는 것이지 사람이 보내는 것이 아니기 때문에 안디옥 교회를 센더로 표현하는 부분에 문제를 제기한다. 물론 바울과 바나바를 보내신 분은 성령님이시다(행13:4).

그러나 성경은 하나님이 우리와 함께 동역하길 원하신다(행13:3; 행15:28; 갈5:5,25; 엡2:1)고 말한다. 심지어 바울은 우리가 하나님의 동역자라고 표현한다(고전3:9). 그러므로 우리가 사용하는 센더라는 단어가 성경적으로 잘못된 표현이라 할 수 없다. 여기서 사용하는 센더의 개념 또한 선교의 주체로서의 센더는 아니다. 그 당시 안디옥 교회가 바울과 바나바를 보내시는 성령 하나님의 선교 명령에 순종함으로 동참했던 것처럼 우리도 보내시는 하나님의 사역에 동참하는 의미로서의 센더를 말한다. 사실 고어든 센더든 우리 모두는 선교의 주연이 아닌 선교의 조연들이다. 다만 우리는 선교의 주체가 되시는 하나님의 사역에 참여하여 하나님께서 사용하시도록 우리에게 주어진 역할에 순종하는 것뿐이다.

셋째, 오늘날 'from anywhere to everywhere'의 선교적 흐름 속에서 센더와 고어를 구분하는 것은 시대를 읽지 못하는 생각이라고 말하는 사람도 있다. 센더와 고어는 영구적 역할이 아닌 상황과 환경에 따라 센더에서 고어로, 고어에서 센더로, 때로는 동시에 이 일을 감당할 수도 있는 것이다. 이런 면에서 우리는 센더이면서 고어이고 고어이면서 센더인 양면성을 동시에 가지고 있는 선교적 존재라고 할 수 있다. 그러나 아쉽게도 이제까지 한국 교회의 선교 현실은 타문화권으로 선교를 나가는 자에게만 지나치게 집중되어 있었다. 따라서 센더와 고어의 역할을 구분해 줌으로써 본국의 지역 교회를 섬기는 성도들의 세계 선교에 대한 적극적인 참여를 이끌어 낼 수 있는 것이다. 센더스쿨이 추구하는 진정한 가치는 센더와 고어의 기능적인 구분을 넘어서 예수 그리스도의 모든 제자들이 열방에 하나님 나라가 회복되는 일에 함께 참여하는 선교적 존재가 되는 것이다. 그럼에도 불구하고 우리가 센더라는 용어를 사용하는 이유는 기능적이고 역할론적으로 많이 약화되어 있는 센더의 모습을 회복하기 위함이다.

편집을 마치며…

2014 선교한국을 마치는 즈음에 '그동안 헌신자는 많았지만 실제 나가는 이들은 많지 않은데, 그 많은 사람들은 어디에 있을까?'라는 대화가 센더스쿨로 이어질 것이라고는 아무도 상상하지 못했다.

리더십과 동원팀의 대화를 토대로 총회에서 모든 선교사들이 함께 지혜를 모으고 센더위원회가 구성되었다. 여러 준비 과정을 거쳐 성령님의 인도하심과 공동체의 지혜를 힘입어 2015년 첫번째 센더스쿨이 열렸다.

'센더스쿨'은 하나님의 마음을 자신의 마음에 담고 일상의 삶 속에서 선교적 삶을 살아가며 고어와 함께 동일한 헌신으로 열방을 품는 제자를 세우는 훈련이다. 센더의 중심에는 십자가가 있다. 선교는 의무나 과업이 아니라 십자가의 사랑을 경험한 이들이 그 길에 동참하는 삶의 여정이다. 주님이 죽기까지 온 인류를 사랑하신 것처럼, 센더는 십자가의 사랑을 삶의 현장에서 열방으로 흘려 보내는 제자이다.

센더스쿨을 진행하면서 선교적 열정을 가진 많은 사람들을 만날 수 있었다. 엘리야 시대에 예비해 두신 7,000명과 같은 이들을 하나님께서 선교를 위해 준비하셨음을 보았고, 센더스쿨을 통해 '이제 내가 어떻게 선교적 삶을 살아야 할지 깨닫게 되었다'는 그들의 고백을 들으며 하나님께 찬양을 올려 드렸다.

센더스쿨이 시작되어 정착되기까지 참여한 많은 이들이 있었다. 초기부터 현재까지 섬기고 있는 이들도 있고, 잠시 섬기다가 선교지로 돌아간 이들도 있다. 하나님의 사역을 위해 함께 합력하여 선을 이루는 팀이 바로 센더위원회였다. 함께 기도하며 개념과 자료를 연구, 정리한 많은 이들의 헌신이 없었다면 센더스쿨은 지속되기 어려웠을 것이다.

그 동안 센더위원회로, 그 외에 강사로 섬기면서 피드백과 조언해 준 많은 선교사와 동역자들이 있었다. 일일이 다 이름을 열거할 수 없지만 그들의 헌신과 노력에 감사한다. 또한 센더의 입장에서 부족한 시간을 내어 센더스쿨 컨설턴트로 섬긴 안성하 대구지부장과 제동성 제주지부장, 편집부 강경숙 이사, 박승철 선교사와 모든 동역자들의 수고에 진심으로 감사의 마음을 전한다.


이 책자는 센더스쿨 강의를 위한 교과서 및 참고자료로 사용하기 위해 준비되었다. 그동안 강의한 내용을 수정, 보완 및 편집하는 오랜 과정을 거쳐 이렇게 책자로 나오게 하신 하나님께 모든 영광을 돌려 드린다.

센더스쿨 편집위원회

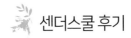 센더스쿨 후기

---

기도와 재정 후원이 보내는 선교사로서의 역할이라고 생각하고 있었던 무지를
일깨우는 계기가 되었던 시간이었습니다. 체계적인 훈련과 교육의 필요성을 더욱
절감했습니다. 앞으로 보내는 선교사로서의 삶을 살아가는데 더욱 열심을 내야겠다는
생각을 만들어 주셔서 감사했습니다. 열심히 배우고 노력하여 보내는 선교사로서
부족함 없는 제자가 되겠습니다.

---

고어와 센더의 차이는 무엇일까? 라는 의문을 갖고 시작한 센더스쿨이었다. 나에게
선교사님은 무조건적인 존경의 대상이었다. 그러나 센더스쿨을 통해 선교사는 내가
속해 있는 현실 세계와 전혀 다른 세계에 속해 있다는 이상을 벗게 되고, '함께 하는
선교사'로서 하나님 사랑 안에 한 가족이 되어야 한다는 것을 깨닫는 시간이 되었다.

---

센더라는 다소 생소한 주제로 인하여 처음 시작은 특별한 마음 없이 시작했습니다.
그런데 첫 강의부터 마음속에 '거룩한 부담감'이 자리 잡았고, 6주가 지난 지금은 선교부
일원으로서, 그리고 센더로서의 구체적인 목표가 생겼습니다. 이번에 배운 내용을 잊지
않고 저의 신앙의 방향을 바로 잡아 갈 수 있기를 다짐해 봅니다. 모든 수업이
은혜였습니다. 하나님께 영광 올려 드립니다.

---

평범해 보이는 나의 작은 은사들도 보내는 선교에 얼마든지 사용 될 수 있음을 깨닫게
되었습니다.

두리뭉실하게 알고 있던 것을 명확히 알게 되고 선교라는 사역에 관심이 더 생기고
무엇이든 하고 싶은 마음이 생겼습니다.

지금까지의 선교교육은 가는 선교사에 초점이 맞춰졌다면 이번 센더스쿨을 통해서는
보내는 선교사의 사명을 깊고 넓게 생각하게 되었다. 센더스쿨을 하면서 우리 교회가 한
해 십일조의 10분의 1을 선교부 예산에 포함하여 사용하는 것과 선교사님과 가족,
부모님까지 케어하는 부분을 그래도 조금은 해 왔다는 생각을 가지게 되어 감사했다.
센더로서 사역을 감당하고자 더욱 기도하며 다른 이들에게 같이 동참하자고 동원하며
자녀들에게도 권유하여 동참하게 해야겠다고 다짐해 보았다.

거창하게 생각했던 선교의 문턱이 각자의 자리에서 할 수 있는 방법들이 참 다양하다는
걸 배웠습니다.

첫날부터 결석을 하게 되어 시작하기에 어려움이 있었지만, 2강부터 열심히 들은
강의들을 통해 보내는 선교사인 우리들의 자세에 대한 것을 깊게 생각하게 되었습니다.
또한 선교사님들 뿐 아니라 선교사님 자녀들에 대해서도 좀 더 깊이 있는 책임감을
느끼게 되었습니다. 센더 스쿨과 같은 선교 교육에 좀 더 많은 성도들이 참여할 기회가
있었으면 좋겠습니다.

기존의 보내는 선교사에 대한 막연한 생각에서 구체적이고 체계적인 방향을 잡을 수
있었다. 다음번 센더스쿨에는 구역원들을 권면하여 다시 한번 함께 참여하고 싶은
마음이 있다. 무엇보다 중요한 것은 내 자신이 하나님과 어떤 관계를 유지하는가 또한
깨닫는다. 지치지 않고 지속적으로 하나님 나라의 확장을 위해 기도하고 배운 바를
실행할 수 있도록 해야겠다.

선교사님들께 직접 사례를 들으니 선교사님들의 고충(문화충격, 현지 적응의 어려움, 자녀들의 고민과 갈등)을 알게 되었습니다. 그동안은 선교사님들에게 보여지는 장미빛 영광만 보았던 것 같습니다. 선교사는 지속적인 돌봄이 필요하고 작은 것도 격려가 된다는 평범한 진리를 깨닫게 되었습니다. 또한 내가 하는 기도가 먼 이국 땅에서 보이지 않는 힘이 된다는 것을 알게 되었습니다. 선교를 위한 기도를 쉬지 않도록 하겠습니다.

선교사님에 대해 오해하거나 잘못 알고 있었던 부분을 바로 알게 되었고, 우리의 중보와 관심이 필수라는 것을 알게 되었다.

센더스쿨은 센더로서의 이론적 배경과 실제를 이해할 수 있게 해주었습니다. 매주 다른 지역을 섬기셨던 선교사님으로부터 직접 생생한 이야기를 들을 수 있어서 현실감 있게 느껴졌습니다. 또한 잘 짜여진 교안과 주제의 흐름이 있어서 다채롭고 지루하지 않았습니다. 바람이 있다면 마지막 시간에는 강의해 주신 모든 선교사님들과 수강생이 함께 모여 나눌 시간이 있었으면 좋겠습니다. 6주간 강의해 주신 모든 선교사님과 섬겨 주신 모든 분들께 감사드립니다.

센더로서 선교사님들을 어떻게 생각하고 바라봐야 되는지 알게 되었다.

나가는 선교사를 준비하는 입장에서 보았을 때 앞으로 어떤 준비를 해야 할지에 대해 구체적으로 고민하는 시간이 되어서 좋았고 파송 이후에도 후원자들과 어떻게 소통하고 협력해야 할지를 생각해보게 되는 시간이었다.

단순한 선교 교육이 아닌 내 삶의 선교적인 방향성에 대해 돌아보게 되었다.

●●●●

지금까지는 선교사님을 파송할 때 그저 나가시고 오시는 것 외에는 많은 생각을 하지
못했습니다. 그러나 센더스쿨을 통해 선교 교육을 받는 과정부터 파송 받으시기까지
그리고 선교 현장에서 여러가지 불안함과 스트레스로 힘들어 하시는 영역이 있다는
것을 알게 되었습니다. 또한 각 강의 마다 보내는 선교사로서의 역할이 너무나
중요하다는 것을 알게 된 참 좋은 교육이었습니다. '보내는 선교사'라는 센더스쿨
추천도서를 통해서도 이에 대하여 더 많은 것을 알게 되었습니다. 이제 배웠던 내용들을
살펴서 구체적으로 실천하는데 좋은 밑거름을 삼도록 하겠습니다.

●●●●

가는 선교사와 보내는 선교사는 같은 정체성으로 살아야 하고
함께 동역함이 절대 필요함을 배웠다.

●●●●

보내는 선교사에 대한 개념이 성경에 명확하게 나와 있음에도 대부분의 성도들이
선교적 참여에 대한 이해가 부족한 것은 그동안의 교회 내 선교훈련이 나가는
선교사에만 초점이 맞춰져 있었던 이유임을 센더스쿨 강의를 통해 알게 되었습니다.
센더와 고어는 하나님 앞에서 동일한 가치를 지닌 '선교적 삶'으로의 '부르심'을 받은
동역의 관계임을 또한 분명하게 깨달았습니다. 6주간의 강의를 통해 부르심의 확신과
센더라는 분명한 정체성을 확립하게 해주셔서 감사했습니다. 말씀에 대한 오해와
자기중심적 해석에 머물러 선교를 잊고 사는 많은 한국 교회들에게 잃어버린 센더의
위치와 중요성을 되찾도록 센더스쿨의 사역이 더욱 확장되길 간절히 소망합니다.

●●●●

구체적 사례나 선교사들의 실질적이고 현실적 문제들에 대해
고민할 수 있게 되었습니다.

## 센더스쿨 (SENDER SCHOOL) 안내

### 1. 목적 및 취지

센더스쿨의 목적은 그리스도의 모든 제자들과 교회에 위임하신 하나님의 선교적 사명을 발견하여 온 열방에 하나님 나라의 회복을 꿈꾸는 선교적 교회를 세우기 위함이다. 또한 선교지로 나가는 선교사 뿐만 아니라 지역교회를 섬기는 성도들 또한 보내는 자인 센더(SENDER)로서 부르심을 따라 선교적 삶을 살도록 하는 것이다.

### 2. 시작 배경

선교는 하나님의 백성에게 주어진 모든 그리스도인의 사명임에도 불구하고, 그동안 대부분의 선교훈련이 나가는 선교사 중심으로 이루어져 온 것에 대한 안타까움으로 센더스쿨은 시작되었다. 나가는 선교사에게 훈련이 중요하듯이 그들을 보내는 교회와 성도들이 선교사들을 파송하고 선교사역에 함께 동참하기 위해 훈련받고 준비하는 것 또한 매우 중요하다. 따라서 이를 위한 구체적이고 실질적인 훈련을 통해 센더로서 가져야 할 정체성과 센더로서의 부르심을 확인하고 부르신 곳에서 선교적 삶을 살아가도록 하는 관점에서의 교육과 훈련의 필요를 느낀 것이다.

### 3. 대상

선교적 교회를 꿈꾸는 지도자, 교회선교부, 선교사를 후원하고 있는 동역자, 중보 기도자, 보내는 자의 삶에 관심이 있는 성도, 선교에 부르심이 있는 성도

## 4. 특징

- 하나님 나라 안에서 센더로서의 선교적 부르심과 사명 회복
- 이론 교육과 더불어 선교에 대한 실제적인 실천과 적용
- 교회와 참가자 개개인이 자신의 은사를 확인하고 선교에 참여

## 5. 강의 내용

### 1강  센더, 그 잊혀진 부르심

센더스쿨의 취지와 목적을 설명하고 성경적 관점에서 센더의 근거와 정체성 및 중요성을 발견하고 나가는 선교사와 어떤 관계속에서 선교에 임해야 하는지에 대한 센더의 부르심을 확인한다.

### 2 강  역사 속의 센더와 세계 선교의 남은 과제

선교 역사속에서 헌신하였던 센더들을 살펴보고 세계 선교의 남은 과업에 어떻게 임해야 하는가를 배운다.

### 3 강  센더가 치르는 영적전쟁

현장의 선교사들만이 아니라 그들을 돕는 성도들이나 파송교회 또한 영적전쟁을 경험한다. 센더들이 치르는 영적전쟁에 대한 내용과 영적 무장의 방법을 배운다.

### 4 강  센더의 선교사 이해와 멤버케어

선교사 생애주기(헌신, 정착, 사역, 은퇴)에 따라 선교사들에게 어떤 어려움과 필요들이 있는지를 배우고 더욱 더 효과적으로 그들을 도우며 기도할 수 있는 내용들을 배운다.

## 5강  센더의 삶과 자세

선교사가 사는 삶의 자세와 일반 지역교회 성도가 사는 삶의 자세는 다른 것인가? 우리 모두가 선교로 부름을 받았다면 우리의 삶과 자세 또한 선교사적인 삶을 살아가야 하는 것은 아닌가? 이에 대한 그리스도인들의 삶과 자세에 대하여 배운다.

## 6강  센더의 역할 및 실천

지역교회의 성도들이 선교에 참여 할 수 있는 재정과 기도 후원을 비롯한 다양한 영역과 역할을 살펴보고 자신의 은사와 역할에 맞는 선교적 삶을 살아가는 것에 대하여 배운다.

## 6. 센더스쿨 조직

각 교회의 상황에 맞게 조직

## 7. 기본 강의 주제

| 회차 | 내용 및 주제 |
|---|---|
| 1 | 센더, 그 잊혀진 부르심 |
| 2 | 역사 속의 센더와 세계선교의 남은 과제 |
| 3 | 센더가 치르는 영적전쟁 |
| 4 | 센더의 선교사 이해와 멤버케어 |
| 5 | 센더의 자세와 삶 |
| 6 | 센더의 역할 및 실천 |
| 7 | 수료식 ( 교회 자체적으로 ) |

## 8. 기본 진행 시간표 예시

| 시간 | 내용 | 비고 |
|---|---|---|
| 각 교회에 맞게 | 찬양 | 담당자 |
| 5분 | 강사 소개 및 기도 | 코디 |
| 기본 90분 | 강의 | 강의 |
| 5분 | 광고 | 코디 |
| 30-40 분 | 조별모임 | 조별로 |
| 30 분 | 마무리 모임 | 조장단 |

## 참고사항

1. 센더스쿨 신청을 원하시는 교회나 단체는 안내 및 조장 O.T, 강사들의 일정 섭외 등의 준비로 무리 없이 진행 되기 위해서 최소 3개월 전에는 문의를 해주시기를 부탁 드립니다.

2. 센더스쿨은 기본적으로 6주 프로그램으로 구성되나 교회가 원하실 경우 8-9 주 과정(센더의 선교사자녀(MK) 이해, 단기선교, 센더의 역할과 실천 II)으로 확대하여 진행 할 수도 있습니다.

3. 센더스쿨은 신청하신 교회나 단체의 주관으로 진행합니다.

● WEC국제선교회 한국 본부(info@weckr.org)

● 센더스쿨 신청 및 문의 : 02-529-4552 , Email : wikosender@gmail.com

# 참고문헌(자료)

닐 피롤로, 「보내는 선교사」, 예수전도단, 예수전도단, 1989

데이비드 잭맨, 「요한서신」, 김일우, 한국기독학생회출판부, 2019

데이비드 폴락, 루스 반 레켄, 「제3문화 아이들」, 박주영, 비즈앤비즈, 2008

데이비드 플랫, 「래디컬」, 최종훈, 두란노서원, 2011

루스 터커, 「선교사 열전」, 복있는 사람 2015

메튜 헨리, 김영배, 「메튜 헨리 주석, 디모데전서~계시록」, 편찬위원회, 크리스찬 다이제스트, 2013

랄프 윈터, 스티브 호돈, 한철호, 「퍼스펙티브스 성경적 역사적 관점」, 예수전도단, 2010

랄프 윈터, 스티븐 호돈, 한철호, 「퍼스펙티브스2 문화 전략적 관점」, 예수전도단, 2010

안드레아스 쾨스텐베르거, 스코트 스웨인, 「아버지와 아들과 성령」, 전광규, 부흥과 개혁사, 2016

안승오, 「한 권으로 읽는 세계 선교 역사 100장면」, 평단, 2010

에일린 빈센트, 「위대한 하얀추장」, 조은혜, WEC출판부, 2010

오스왈드 챔버스, 「주님은 나의 최고봉 한영합본(미니북)」, 스데반 황, 토기장이, 2010

윌리엄 바클레이, 「바클레이 성경주석, 요한1,2,3서」, 편찬위원회, 기독교문사, 2009

이덕주, 「이덕주 교수가 쉽게 쓴 한국 교회 이야기」, 신앙과지성사, 2009

이만홍, 「아스피린과 기도」, 두란노 서원, 1991

박용규, 「한국기독교회사2」, (생명의 말씀사), 2004

박용규, 「평양대부흥운동」, (생명의 말씀사), 2000

박은식, 「한국독립운동지혈사」, 남만성 옮김, 서문당, 2019

브라암 빌름, 마리나 프린스, 「선교사와 사역자를 위한 멤버케어」, 이순임, 한국해외선교회 출판부, 2002

제이슨 맨드릭, 패트릭 존스톤, 「세계기도정보」, 죠이선교회 출판부, 2011

켈리 오도넬, 「선교사 멤버케어」, 최형근, 송복진, 임은정, 이순임, 조은혜, 기독교문서선교회(CLC), 2004

패트릭 존스턴, 「세계 교회의 미래」, IVP, 2013

패트릭 존스톤, 「교회는 당신의 생각보다 큽니다」, 유병국, 이창규, WEC출판부, 1999

폴 피어슨, 「선교학적 관점에서 본 기독교 선교운동사」, (CLC), 2009

프레드 센더스, 「삼위일체 하나님이 복음이다」, 임원주, 부흥과 개혁사, 2016

크리스토퍼 라이트, 「하나님 백성의 선교」, 한화룡, IVP, 2010

해돈 로빈슨, 「성경적인 의사결정법」, 김창동, 디모데, 1991

Compiled by Hanni Boeker, M. A., 「How to do member care well」, A WI Member care recource, 2012

Jerry Rankin and Ed Stetzer, 「Spiritual warfare and Mission」, B&H Publishing Group, 2010

WEC국제선교회, 「원리와 실천요강(Principles & Practice of WEC International)」, 2011

〈논문〉
이승호, "중심도시 선교 – 동역자 선교 – 교회 선교: 바울의 선교전략", 선교와 신학(장로회 신학대학교세계선교연구원, 2005)

〈링크〉
김영한(기독교 학술원장), 〈젠더 이데올로기에 대한 비판적 성찰〉, 기독일보 사이트, http://www.christiandaily. co.kr/news/%EA%B9%80%EC%98%81%ED%95%9C-%EA%B8%B0%EA%B3%A0- %EC%A0%A0%EB%8D%94-%EC%9D%B4%EB%8D%B0%EC%98%AC%EB%A1%9C%EA%B 8%B0%EC%97%90-%EB%8C%80%ED%95%9C-%EB%B9%84%ED%8C%90%EC%A0%81- %EC%84%B1%EC%B0%B0-779 66.html

김태정, FOS Mission Consulting, 2018, 선교사 안식년의 의의와 평가 : 네이버 블로그 (naver.com),https://m.blog.naver.com/PostView.nhn?blogId=kpinehill&logNo= 221370884704&targetKeyword=fos%20mission%20Consulting&targetRecommendatio nCode=1

김태정, FOS Mission Consulting, 2018, 은퇴준비 consulting 개관 : 네이버 블로그 (naver.com),https://m.blog.naver.com/PostView.nhn?blogId=kpinehill&logNo= 221370884704&targetKeyword=fos%20mission%20Consulting&targetRecommendatio nCode=1

본 훼퍼, https://juicyecumenism.com/2017/05/22/7-dietrich-bonhoeffer-quotes- costly-discipleship/

한국선교사 멤버케어 네트웍(KMCN)의 멤버케어 정의, https://kmcn.or.kr/7

한철희 "부흥과 신앙 이야기", 평양 대부흥 사이트, http://www.1907revival.com

Joshua project, https://joshuaproject.net

우리의 가슴을 다시 열방으로
우리의 기도를 다시 땅끝으로